INDOGERMANISCHE BIBLIOTHEK

Begründet von H. Hirt und W. Streitberg

Fortgeführt von H. Krahe

Herausgegeben von

Alfred Bammesberger

Thomas Lindner

DRITTE REIHE

Untersuchungen

BAND 20

JÜRGEN UDOLPH

Ostern – Geschichte eines Wortes

Zweite Auflage

Universitätsverlag
WINTER
Heidelberg

Bibliografische Information der Deutschen Nationalbibliothek

Die Deutsche Nationalbibliothek verzeichnet diese Publikation in der Deutschen Nationalbibliografie; detaillierte bibliografische Daten sind im Internet über *http://dnb.d-nb.de* abrufbar.

UMSCHLAGBILD

Taufdarstellung aus den römischen Katakomben
3. Jahrhundert (S. Callisto)

ISBN 978-3-8253-0866-7
2. Auflage

Imprimé en Allemagne · Printed in Germany

Gedruckt auf umweltfreundlichem, chlorfrei gebleichtem und alterungsbeständigem Papier.

Den Verlag erreichen Sie im Internet unter:
www.winter-verlag.de

Inhalt

Vorbemerkung

Vieles von dem, was im folgenden zur Sprache kommen wird, wurde schon gesagt und darf als bekannt vorausgesetzt werden. In weiten Bereichen meines Versuchs werden daher Zitate den Gang der Überlegungen begleiten. Meine eigene bescheidene Leistung mag vielleicht darin bestehen, daß ich eine neue und bisher nicht erwogene Kombination vorbringe und dadurch vielleicht neues Licht auf die Herkunft des Wortes *Ostern,* vielleicht aber auch auf den Stammesnamen der *Ostrogoten* und auf einige Ortsnamen fällt.

I. Einleitung

Im Rahmen der seit einigen Jahren laufenden Bemühungen, die Ortsnamen Niedersachsens systematisch aufzuarbeiten, wurden wir mit dem Namen des kleinen Ortes *Östrum* im Kreis Hildesheim konfrontiert. Die Überlieferung ist recht einheitlich (um 1226 *Osterim,* 1274 *Osterim,* 1430 (Kopie 15./16.Jh.) *Ostrem* usw.[1] Man kann es sich leicht machen, und an eine „östlich einer Lokalität (welcher Art auch immer) gelegene Siedlung“ *Ostarhem* denken, die auf fränkischen Einfluß zurückgeht.[2] Aber schon

[1] H. SUDENDORF, Urkundenbuch zur Geschichte der Herzöge von Braunschweig und Lüneburg und ihrer Lande, Bd. 1, Hannover 1859, S. 10,52; Urkundenbuch der Stadt Hildesheim, Bd. 4, Hildesheim 1890, S. 78.

[2] Vgl. C. JOCHUM-GODGLÜCK, Die orientierten Siedlungsnamen auf *-heim, -hausen, -hofen und -dorf* im frühdeutschen Sprachraum und ihr Verhältnis zur fränkischen Fiskalorganisation, Frankfurt/Main 1995, S. 57 mit zahlreichen weiteren Ortsnamen; zur Überschätzung des fränkischen Einflusses s. jetzt J. UDOLPH, Fränkische Ortsnamen in Niedersachsen? In: Festgabe für D. Neitzert zum 65. Geburtstag (= Göttinger Forschungen zur Landesgeschichte, Bd. 1), Bielefeld 1998, S. 1-70.

D. ROSENTHAL[3] hatte Bedenken: „Das Bestimmungswort scheint eine typische Richtungsbezeichnung der fränkischen Verwaltung, kann es aber nicht sein, da der Ort nordwestlich von der fränkischen Anlage Bodenburg liegt ... Name und Ort müssen also vorfränkisch sein, wie ja auch Richtungswörter bereits aus altgermanischer Zeit in Ortsbezeichnungen überliefert sind ...“.

Wir wollen an dieser Stelle die Ortsnamendiskussion nicht fortsetzen. Ich erwähne sie nur, weil sie der Auslöser dafür war, sich intensiver mit der Frage, ob nicht auch das Wort *Ostern* in dem Ortsnamen stecken könne, zu befassen und führte zu den folgenden Überlegungen.[4] Am Ende des Beitrages werden wir auf den Ortsnamen zurückkommen.

II. Bisherige Theorien

1. Ostara

Ausgehend von der bekannten Stelle bei *BEDA VENERABILIS* in der Schrift *De temporum ratione* (cp. 15) *Antiqui Anglorum populi - gens mea - apud eos Aprilis Esturmonath (eosturmonath), qui nunc paschalis (pascalis) mensis interpretatur, quondam a dea illorum, quae Eostra (Eostrae, Eostre) vocabatur, et cui in illo festa celebrantur, nomen habuit; a cuius nomine nunc paschale (pascale) tempus cognominant, consueto antiquae abservationis vocabulo gaudia novae solennitatis (solemnitatis) vocantes,*[5] hat sich - vor allem durch die Ausführungen von JACOB GRIMM,[6] der an eine „Gottheit des strahlenden Morgens, des aufsteigenden Lichts, eine freudige, heilbringende Erscheinung, de-

[3] Beiträge zur Namenforschung 14(1979)389.

[4] Hilfreiche Hinweise erhielt ich von W. HEIZMANN (Göttingen), für die ich auch hier ausdrücklich danken möchte. Geholfen haben mir auch Gespräche mit H.-H. BARTENS (Göttingen), H. BECK (Bonn), K. GRINDA (Göttingen) und W.P. SCHMID (Göttingen).

[5] Zitiert nach: Handbuch des deutschen Aberglaubens, Bd. 6, Berlin-Leipzig 1934/35, Sp. 1311.

[6] J. GRIMM, Deutsche Mythologie, 2. Aufl., Bd. I, Göttingen 1844, S. 268.

ren Begriff für das Auferstehungsfest des christlichen Gottes verwandt werden konnte" glaubte -, weithin die Meinung durchgesetzt, germanische Stämme hätten einer Göttin *Ostara* gehuldigt. Da man JACOB GRIMM gern folgt, führte dieses bis hin zu Ausführungen, für die das Wort von K. HELM gilt:[7] „... alles, was man in der Osterzeit in Zeitungsartikeln über *Ostara* zu lesen pflegt, ist Phantasie" .

Die Sachlage wird von A. LINCKE im Handbuch des deutschen Aberglaubens knapp, kurz und nüchtern wie folgt beurteilt: „Aus dieser Stelle, der einzigen, bei der eine *Eostra* belegt ist, aus der Bezeichnung *ôstarmânoth* für „April" bei Eginhart und aus dem Namen *ôstarâ* (gen. *-ûn*) für das christliche Auferstehungsfest folgert J. GRIMM eine der *Eostra* entsprechende deutsche Göttin O[stara], eine Gottheit des strahlenden Morgens und des aufsteigenden Lichts". Die Annahme einer Göttin sei umstritten, und gegen eine *Ostara* spreche, „daß die Göttin *Eostra* bereits eine Erfindung Bedas sei, der sie einfach aus dem *Eosturmonath* abstrahiert habe,[8] außerdem sei von den sonst überlieferten Monatsnamen kein einziger von einem Götternamen hergenommen." Es heißt dann weiter: „Wenn schon eine angelsächsische *Eostra* auf schwachen Füßen stand, hielt die Forschung erst recht eine deutsche Göttin *O[stara]* für nicht nachweisbar ... Zudem ist heute erwiesen, daß die Hauptstütze für die Göttin *O[stara]* das althochdeutsche, angeblich aus dem 9. Jh. stammende Schlummerlied eine Fälschung von G. ZAPPERT ist, der es in den fünfziger Jahren des 19. Jh.s. erdichtet und mutwillig für echt ausgegeben hatte".[9] Die Fälschung wurde schon früh erkannt.[10]

---

[7] Altgermanische Religionsgeschichte, Bd. 2, Heidelberg 1953, S. 278.

[8] So z.B. E.H. MEYER, Germanische Mythologie, Berlin 1891, S. 283; W. MANNHARDT, Wald- und Feldkulte, 2. Aufl., Bd. I, Berlin 1904, S. 505,522; K. WEINHOLD, Die deutschen Monatsnamen, Halle 1869, S. 4, 51f.; R.M. MEYER, Altgermanische Religionsgeschichte, Leipzig 1910, S. 404.

[9] Handbuch des deutschen Aberglaubens, Bd. 6, Sp. 1311.

[10] Vgl. K. GOEDECKE, Grundriß der Geschichte der deutschen Dichtung, 2. Aufl., I. Bd., Dresden 1884, S. 12; Text bei H. NAUMANN, Althochdeutsches Lesebuch, Berlin-Leipzig 1923, S. 130.

Deutlich ablehnend hat sich auch W. GOLTHER[11] geäußert: „Die Osterbräuche erklären sich aus dem Frühlingsfeste, das den Germanen wie allen Völkern eigen war, aber auf keine bestimmte Gottheit zu beziehen ist ... Die zahlreichen Monatsnamen unter den Germanen stammen aus allen möglichen, insbesondere landwirtschaftlichen Beziehungen, niemals aber sind sie von Götternamen hergenommen ... Darum ist Bädas Meinung, es habe unter den Angelsachsen Göttinnen namens *Eostre* und *Hreda* gegeben, wenig glaubhaft. Die von J. GRIMM ... aufgestellten altdeutschen Göttinnen *Hruoda, Ostara, Ricen, Zisa* sind aus den Glaubensvorstellungen der alten Deutschen zu streichen." Ganz ähnlich hat sich fünfzig Jahre später K. HELM geäußert.[12] Schon K. WEINHOLD[13] hielt Bedas Erklärung „für üble Spielerei", da man „keine germanischen Monatnamen sicher nachweisen [könne], die nach einer alten Gottheit benannt wären".

Man sollte meinen, daß sich diese Auffassungen durchgesetzt hätten, aber das ist keineswegs der Fall. Für eine germanische Göttin hat sich recht deutlich Å. V. STRÖM ausgesprochen:[14] „Nimmt man hinzu, daß ... die beiden Göttinnen ihre Stellung in dem germanischen Frühlingsmuster ... ausfüllen, besteht kein Grund, an Bedas Angaben zu zweifeln".

So heißt es zur *Ostara* etwa aus jüngerer Zeit bei M. LURKER:[15] „germanische Göttin, nach der das Osterfest benannt wurde; ist identisch mit der von dem englischen Kirchenschriftsteller Beda überlieferten angelsächsischen Göttin *Eostra*. Name und Funktion der Göttin sind verwandt mit der griechischen *Eos* und der römischen *Aurora*; es ist die Personifikation der aufsteigenden Sonne, von den Germanen nicht auf die Tageszeit (Morgenröte), sondern auf die Jahreszeit (Frühling) übertragen".

---

[11] Handbuch der germanischen Mythologie, Leipzig 1895, S. 488f.

[12] K. HELM, Erfundene Götter? In: Studien zur deutschen Philologie des Mittelalters. F. Panzer z. 80. Geb., Heidelberg 1950, S. 6-11.

[13] Die deutschen Monatnamen, Halle 1869, S. 24.

[14] In: Germanische und baltische Religion, Stuttgart usw. 1975, S. 107f.

[15] Lexikon der Götter und Dämonen, Stuttgart 1984, S. 245.

M. LURKER folgt damit Auffassungen, die neben J. GRIMM früher auch von H. NEUS[16] und F. KLUGE[17] vertreten wurden. Letzterer hielt es für möglich, daß „neben und nach Ulfilas ... in seinen Kreisen wohl das heidnische Frühlingsfest einer Göttin **Austrô* den Anlaß zu einer germanischen Benennung gegeben haben", und weiter: „ein im 8./9. Jahrhundert in den Maingegenden auftretendes mlat. *ôstarstuopha* als Bezeichnung einer besonderen Abgabe an den König deutet auf eine frühheimische Verwendung des Wortes im Dienste der Zeitrechnung".

Wie weit verbreitet aber inzwischen der Glaube an eine germanische Göttin war, geht daraus hervor, daß ihr Name „ab 1905 für einen Verlag und eine Bücherreihe ('Bücherei der Blonden und Mannesrechtler') mit Sitz in Mödling bei Wien verwendet" wurde.[18] Von dort aus wirkte „ihre Scheinexistenz ... in der fanatischen Ariertheorie des Österreichers 'Lanz von Liebenfels' bis in Hitlers 'Mein Kampf' verheerend nach".[19]

Eine vermittelnde Position fehlt auch in jüngster Zeit nicht: für R. SIMEK[20] handelt es sich vielleicht um eine „heidn. Frühlingsgöttin, die sich aus dem althochdeutschen Namen des Osterfestes, *Ôstarûn,* und der Erwähnung einer angelsächs. Göttin ... ableiten ließe. Ob der Name der Göttin vom Ostermonat abgeleitet ist oder umgekehrt, ist unsicher, das christl. Osterfest ist jedenfalls über den Monatsnamen zu seinem heidnischen Namen gelangt". Das hatte u.a. E. MOGK schon vor etlichen Jahrzehnten[21] als sehr fraglich bezeichnet.

Eine gute Zusammenfassung der bis etwa 1930 geführten Diskussion hat H. FREUDENTHAL[22] vorgelegt, wobei er auch bereits auf die andere Möglichkeit der Erklärung des Wortes *Ostern,* nämlich auf die Verbindung mit der Bezeichnung der „Morgen-

---

[16] Die Frühlingsgöttin *Ôstarâ,* Zeitschrift für deutsche Mythologie und Sittenkunde 3(1855)356-368.

[17] F. KLUGE, Deutsche Sprachgeschichte, 2. Aufl., Leipzig 1925, S. 189.

[18] R. SIMEK, Lexikon der germanischen Mythologie, 2. Aufl., Stuttgart 1995, S. 325.

[19] W. KAEMLING, in: Stadt Garbsen, Seelze 1978, S. 53.

[20] SIMEK a.a.O.

[21] Zeitschrift des Vereins für Volkskunde 25(1915)215f.

[22] Das Feuer im deutschen Glauben, Berlin-Leipzig 1931, S. 283ff.

röte“, einging. Geht man dieser Theorie nach, so wird man zu der zweiten These der Worterklärung geführt, die mit dem Namen von J. KNOBLOCH verbunden ist. Dessen Ausführungen (zu denen wir noch kommen werden), führten zu weiterer Erschütterung der *Ostara*-Theorie. Bei O. HOLZAPFEL[23] heißt es: „*Ostara* ... angebliche Frühlingsgöttin ... Das Mißverständnis begann bereits um 700 mit Beda, auf den sich die Gelehrten bei der versuchten Rekonstruktion eines altgerm. Frühlingsfestes beriefen. Im fränk. Kirchenlatein sprach man v. *Albae* in Zshg. mit den weißen Taufkleidern der Neugetauften. Dieses wurde in Verbindung mit *alba* (‚Morgenröte', frz. und italien.) mit ahd. *austro* gleichgesetzt u. mißdeutet. Bei der O[stara] handelt es sich also höchstwahrscheinlich um eine gelehrte Erfindung, eine Pseudogöttin“.

J. KNOBLOCH selbst hat in dem ersten Abschnitt seiner Untersuchungen[24] mit dem Titel „Gab es eine germanische Göttin *Ostara-Eastre* (**Austrō*)?“[25] ebenfalls vehement Kritik an dieser Auffassung geäußert und nach Auflistung verschiedener Argumente, die zumeist schon von anderer Seite vorgebracht worden sind und die oben bereits angesprochen wurden, gefolgert: „Als Tatsache bleibt jedenfalls bestehen, daß auf dem Festland kein unmittelbares Zeugnis für eine Göttin *Ostara* spricht: ihr Kult ist zur Gänze aus dem Brauchtum der Osterzeit erschlossen worden“.[26] J. KNOBLOCH versäumt es in diesem Zusammenhang auch nicht, auf die schon angesprochene althochdeutsche Fälschung von G. ZAPPERT[27] hinzuweisen. Sein drittes Kapitel „Das Zeugnis Bedas für eine germanische Göttin *Eostre*“[28] leitet zu einem eigenen Deutungsversuch über, da nach J. KNOBLOCH der Beweis erbracht worden ist, „daß die auf *BEDA VENERABILIS* († 735) zurückgehende

[23] Lexikon der abendländischen Mythologie, Freiburg-Basel-Wien 1993, S. 326.

[24] J. KNOBLOCH, Der Ursprung von nhd. *Ostern*, engl. *Easter*, Die Sprache 5(1959) 27-45, leicht verändert: *Ostern* - ein heidnisches Frühlingsfest? In: J. KNOBLOCH, Sprache und Religion, 3. Bd.: Weihnachten und Ostern, Heidelberg 1986. Zu Ostern: S. 49-77.

[25] KNOBLOCH, Ursprung, S. 27-32 bzw. KNOBLOCH, Ostern, S. 49-55.

[26] KNOBLOCH, Ursprung, S. 29; ähnlich KNOBLOCH, Ostern, S. 51.

[27] Vgl. oben S. 7 mit Anm. 9f.

[28] KNOBLOCH, Ursprung, S. 36-39; KNOBLOCH, Ostern, S. 58-60.

Ansicht, der Ostermonat und das Osterfest trügen ihren Namen nach einer heidnischen Göttin, irrig ist". Zwar sei auch schon früher die angebliche germanische Frühlingsgöttin *Ostara-Eastre* vielfach angezweifelt worden, aber es sei auch noch nicht gelungen, „eine überzeugende Erklärung für die Bezeichnung des Osterfestes bei den Deutschen und den Angelsachsen zu geben".[29] Daher ist es an der Zeit, zum zweiten Deutungsvorschlag, dem von J. KNOBLOCH, überzugehen.

2. ‚Ostern' als gallofränkisches Bedeutungslehnwort nach lat. *albae* = Pascha (*hebdomada in albis*)

Wie schon mehrfach angesprochen, hat J. KNOBLOCH in einem später nochmals veröffentlichten und nur leicht veränderten[30] Aufsatz die Annahme einer altgerm. Göttin *Ostara* o.ä. abgelehnt. Sein eigener Vorschlag geht zunächst - wie schon von vielen anderen zuvor - von einem Wort für die „Morgenröte" im Indogermanischen aus: es geht um altind. *uṣás-*, awest. *ušah-*, griech. *ήώς*, lat. *aurōra.* Man setzt ein mit *-ro-* gebildetes Adjektivum **aus-ro-* an, das eine Parallele in lit. *aušrà* f. „Morgenröte, Morgendämmerung" hat, ferner in lett. *àustra* f. „Morgendämmerung, Morgenröte", aksl. *za ustra* „frühmorgens" und poln. *justrzenka* „Morgenstern".[31]

Zur Wortbildung des Germanischen heißt es bei J. KNOBLOCH: Diese Formen „haben sich von der Grundlage noch etwas weiter entfernt und in gewohnter Weise den idg. *-ā*-Stamm zu einer Bildung auf *-ōn-* umgewandelt; es muß sich jedoch um ein aussterbendes Wort gehandelt haben, dem im Westgermanischen das durchsichtige Kompositum „Tagerot" (ae. *dęgrēd,* holl. *dageraad,* ahd. *tagarōt*) zur Seite treten sollte ... Jedenfalls ist seine Erhaltung im Angelsächsischen und im Deutschen nur dem Bedeutungswandel (> Ostern) und der Verwendung in der konservati-

[29] KNOBLOCH, Ursprung, S. 27; ähnlich KNOBLOCH, Ostern, S. 51.

[30] Vgl. Anm. 24.

[31] KNOBLOCH, Ursprung, S. 34.

ven Kirchensprache zuzuschreiben ... Es ergibt sich daraus mit zwingender Deutlichkeit, daß *eastre-ostara* die diesem Wort auch nach seiner idg. Verwandtschaft einzig zukommende Bedeutung 'Morgenröte' wirklich gehabt hat und daß jeder Gedanke an einen Bedeutungswandel zu 'Frühling' oder 'Frühlingsgöttin' irrig ist".[32]

Es ist J. KNOBLOCH - so viel ich sehe - entgangen, daß es für diese Annahme unter Umständen eine Stütze im Altnordischen geben könnte: in der Edda trägt ein Zwerg, „der die Himmelsgegend des Sonnenaufgangs bedeutet, ... den Namen *Austri*".[33]

Aber worauf bezieht sich das Wort? Im 4. Kapitel bietet J. KNOBLOCH unter der Überschrift „Die nächtliche Auferstehungsfeier und die Osteroktav als Festwoche der Neugetauften" die Erklärung: zwei Zeitpunkte seien bei der Osterfeier von besonderer Bedeutung gewesen: Mitternacht und Tagesanbruch (also die Zeit der Morgenröte). Das zeige sich durch die Art, die Ostervigil zu feiern, da „durch die Erwartung des Tagesanbruchs eine Beziehung zum Sonnenaufgang [bestände, ferner] wird diese noch weiter betont durch den Brauch, die Täuflinge gegen Osten gewendet das Glaubensbekenntnis sprechen zu lassen, nachdem sie dem Westen zugewandt den Dämonen abgeschworen hatten".[34] Weiter heißt es: die Neophyten hatten „die in Frankreich und in Deutschland mindestens noch im 10.Jh. üblichen weißen Taufkleider, die ihnen nach der Immersion verliehen worden waren, noch die ganze Woche hindurch bei den für sie veranstalteten Gottesdiensten zu tragen, die *albae,* nach denen diese Woche auch *hebdomada in albis* genannt wurde"[35] (worauf unter anderem auch die Bezeichnung *Weißer Sonntag* zurückgeht).

Wenn ich auch - wie noch auszuführen sein wird - der These von J. KNOBLOCH skeptisch gegenüber stehe, so ist aber anzuerkennen, daß er insofern einen richtigen Weg eingeschlagen hat,

---

[32] KNOBLOCH, Ursprung, S. 34, ähnlich KNOBLOCH, Ostern, S. 56.

[33] K. SIMROCK, Handbuch der deutschen Mythologie, Bonn 1869, S. 362; schon notiert von O. SCHADE, Altdeutsches Wörterbuch, 2. Aufl., Bd. 1, Halle 1882, S. 668.

[34] KNOBLOCH, Ursprung, S. 40; KNOBLOCH, Ostern, S. 63.

[35] KNOBLOCH, Ursprung, S. 41; KNOBLOCH, Ostern, S. 64.

als er der *Taufe zu Ostern* besondere Bedeutung beimißt. Diese Tatsache und auch die durch die Neugetauften geprägte Woche nach Ostern fand in verschiedenen Benennungen ihren Niederschlag. So weist J.C.W. AUGUSTI[36] auf folgendes hin: „Daß diese Woche den Namen: *Dies Neophytorum* führte, ergibt sich aus dem Zeugnisse des Augustinus (Epist. ad. Januar. 119. c. 17), welcher sagt: *Nam ut quadraginta illi dies ante Pascha observentur, ecclesiae consuetudo roboravit, sic etiam ut octo dies Neophytorum distinguantur a ceteris ...*“. Es zeigt sich hier doch sehr deutlich, wie eng Ostern und Taufe miteinander verknüpft sind.

KNOBLOCHs 5. Kapitel „‘Ostern’ als gallofränkisches Bedeutungslehnwort nach lat. *albae* = Pascha (hebdomada in albis)“[37] enthält dessen eigenen Lösungsvorschlag. Im 6. Jahrhundert erfolgte in den romanisch sprechenden Gebieten des Frankenreiches eine Verkürzung aus *albae paschales* zu *albae.* Die weißen Taufgewänder, die *Alben,* wie auch frz. *aube* „Gewand des Priesters“, enthalten natürlich lat. *albus* „weiß“. Dieses kombiniert J. KNOBLOCH mit lat. *alba,* „das den Tagesanbruch, das Frühlicht bezeichnet hatte, [und] nun auch die Bedeutung der ‘Morgenröte’ annehmen konnte, wie in it., prov., span. *alba,* frz. *aube*“.[38] Und diesem lat. *albae* entspricht seiner Theorie nach ein ahd. *ōstarūn,* ae. *ēastrōn,* wobei es sich nach KNOBLOCH um eine Lehnbedeutung und eine Fehlleistung der Übersetzungskunst handelt. Die Folgerung lautet: „Warum nun die Fehlinterpretation *albae* = *ōstarūn* zustande kommen konnte, geht aus dem vorigen Abschnitt hervor: die Assoziation des in der Morgenfrühe kulminierenden Festes, vielleicht auch die Ortung der Täuflinge in der Richtung des Sonnenaufganges, jedenfalls aber die allmorgendlichen Frühgottesdienste mögen einer Auffassung, wie sie aus dieser Übersetzung für *albae* zu folgern ist, Vorschub geleistet haben. Es handelt sich also im Gegensatz zu den aufgezählten Buchwörtern hier vielmehr um eine Bezeichnung, die in einem umgedeuteten Sinngehalt von den Gläubigen, also vom Volk wirklich

---

[36] Denkwürdigkeiten aus der christlichen Archäologie, Leipzig 1818, S. 303f.

[37] KNOBLOCH, Ursprung, S. 42-45.

[38] Ebda., S. 44; KNOBLOCH, Ostern, S. 68.

erlebt wurde ...".[39] Demnach ist von einem Dat. Plur., z.B. in altenglisch *ēastron,* auszugehen, einer Lehnübersetzung eines falsch verstandenen Plurals zu *alba* „Morgenröte", der entsprechend mit dem ahd. Plural *eostarun* wiedergegeben wurde.

Bevor wir zu einer Kritik dieses Vorschlages kommen, empfiehlt es sich, einen dritten, kaum beachteten und auch von J. KNOBLOCH nicht besprochenen Lösungsvorschlag zu referieren.

3. Ein germanischer Schöpf- und Begießungsritus und anord. *ausa* „schöpfen"

Aufgrund von altnordischem Runenmaterial und merowingischen Personennamen hat S. GUTENBRUNNER einen weiteren Vorschlag unterbreitet.[40] Die Wendung *austr bornir váru* in der Örvar-Odds saga führte ihn in Verbindung mit einem Begießungsritual, wie er in der Völospa von Yggdrasil (Str. 19 *ausinn hvíta auri,* 27 *á sér hon ausaz aurgom forsi*) bezeugt ist, dem Namen der merowingischen Königin *Austrigildies cognomento Bobilla*[41] sowie dem Mütter- und Matronennamen *Matronis Austriahenis* (einmal auch *Matronis Austriatium*) zu der Überlegung, daß man die alte *Aurora*-Etymologie zurückweisen müsse und erwog die Möglichkeit, „*ausa* ‚schöpfen', *austr* ‚Schöpfwasser' als Basis zu vermuten, so daß die *Austriahenae* die Züge von Choëphoren eines Wachstumsgottes am Welt- und Lebensbaum" angenommen hätten.[42] Seine Schlußfolgerung lautet: „So könnte *austr-* in diesem Zusammenhang erst spät mit dem Namen der Weltgegend

---

[39] KNOBLOCH, Ursprung, S. 44.

[40] *Ostern.* Neue Materialien zum Synkretismus der Merowingerzeit, in: Festschrift Walter Baetke, Weimar 1966, S. 122-129.

[41] Wenn man von den *Austrogoti* mit *Ostrogota (Éastgota)* und *Ostrogotho* Fem. absieht, handelt es sich nach S. GUTENBRUNNER um die erste Trägerin eines mit *austra-* gebildeten Namens. Das Grundwort *-gildis* erklärt sich aus der germanischen Opferterminologie *geldan, gelda-,* die in Deutschland durch die beiden Taufgelöbnisse vertreten ist (GUTENBRUNNER, Ostern, S. 124).

[42] GUTENBRUNNER, Ostern, S. 129.

verbunden worden sein ... und anfänglich einen Begießungsritus bezeichnet haben ... Allerdings ist die *tr*-Ableitung von *ausa* 'schöpfen', altn. *austr,* nur in der Bedeutung 'das - auszuschöpfende - Wasser im Schiff' belegt, aber die *tro*-Bildung ist seit alters in Gerätenamen und Abstraktbezeichnungen ... daheim: in Abstrakten ('Das Schöpfen') und in Nomina agentis (Gerätbezeichnungen, 'das Schöpfgefäß'). So wäre es wohl denkbar, daß *austra-terwa-* 'der Baum mit Schöpf- und Begießungsriten' gewesen ist ...".[43]

Zu Unrecht ist m.E. S. GUTENBRUNNERs Gedanke nicht weiter verfolgt worden.[44] Seine Verbindung von *Ostern* mit anord. *ausa* ist - so hoffe ich noch, zeigen zu können - durchaus richtig. Allerdings ist er nicht auf die Verbindung von *ausa* mit dem Neugeborenenritus und der Namengebung germanischer Stämme (dazu s. unten S. 26ff.) eingegangen.

Zunächst muß jedoch Kritik an dem Vorschlag von J. KNOBLOCH geübt werden. Es ist ihm offenbar entgangen, daß dasjenige Wort, das ihn am meisten beschäftigt (frz. *aube*), in einer Bonner Dissertation behandelt worden ist und dort wichtige Einzelheiten erwähnt werden, die für seine These von Bedeutung sind: es handelt sich um die Arbeit von A. TUSCHEN, Die Taufe in der altfranzösischen Literatur, Diss. Phil. Bonn 1935.

In ihr wird in einem Abschnitt, der die Bekleidung der Täuflinge zum Inhalt hat (S. 105-109), u.a. an Textstellen nachgewiesen, daß lateinisch *alba* durch altfranzösisch *blanc* wiedergegeben wird. Es zeigt sich bereits hier ein früher Übergang und ein Einfluß der Umgangssprache, den KNOBLOCH gerade für seine These in Anspruch genommen hat. Dieser Einfluß führt jedoch nicht zu einer besonderen Bedeutung von *alba* „weiß", sondern zu dessen Eliminierung.

---

43 GUTENBRUNNER, Ostern, S. 127.

44 Nur Å. v. STRÖM in: Germanische und baltische Religion, Stuttgart usw. 1975, S. 108 und E.C. POLOMÉ, Essays on Germanic Religion, Washington D.C. 1989, S. 57 haben ihn zur Kenntnis genommen (ich fand den Hinweis bei F. KLUGE, Etymologisches Wörterbuch der deutschen Sprache, 22. Aufl., bearbeitet von E. SEEBOLD, Berlin-New York 1989, S. 521).

Auch die von J. KNOBLOCH herangezogene Bedeutung *aube* „Taufkleid; Gewand, das der Priester als Unterkleid bei der Meßfeier trägt" wird von TUSCHEN, Taufe, S. 154-157, ausführlich behandelt. Sie weist darauf hin, daß „die Bezeichnung *aube* = Taufkleid ... noch wenig Beachtung gefunden" hatte (S. 154) und widerlegt im weiteren J. KNOBLOCHs Annahme, bei *aube* handele „es sich also im Gegensatz zu den aufgezählten Buchwörtern hier vielmehr um eine Bezeichnung, die in einem umgedeuteten Sinngehalt von den Gläubigen, also vom Volk wirklich erlebt wurde ...",[45] durch den Nachweis, daß altfranzösische Dichter für den Taufritus und das Taufkleid „auch schon alltägliche Wörter zur Bezeichnung wie *dras ...*, *mantel ...*" verwenden oder „die Zeremonie durch Verben" umschreiben. Weiter heißt es: „Die verhältnismäßig seltene Betonung bei der Handlung der Taufe läßt verstehen, daß *aube* im Neufranzösischen nicht mehr lebendig ist. Mit einer Vernachlässigung dieser Zeremonie und mit dem Aufkommen der Kindertaufe sofort nach der Geburt,[46] schwand bedauerlicherweise diese schöne Sitte", und weiter: „Die Reminiszenz an das Wort ist uns nur noch in *Dominica in albis* geblieben, dem kirchlichen Namen für den ersten Sonntag nach Ostern. Es erinnert an die Zeit, als die Neophyten ihre weißen Taufkleider noch die ganze Osterwoche hindurch trugen und sie erst am *Sabato in albis* ablegten. In dem Maße, wie die Sitte schwand, verfiel auch das Wort und seine Bedeutung in der frz. Sprache. Heute wird das Taufkleid durch die analytische Form *robe baptismale* bezeichnet".[47]

Die Arbeit von A. TUSCHEN enthält weiteres Material, das J. KNOBLOCH hätte benutzen können. So stellt sie S. 156ff. Belege zusammen, die wahrscheinlich machen, daß für *aube* im Französischen auch die Bedeutung „Totenhemd" bezeugt war, analysiert diesen Tatbestand, weist darauf hin, daß das Gewand, mit dem man den Toten bekleidet, wie ein Taufkleid weiß ist, erinnert daran, daß in der Dichtung auch von einem „Sterben in Taufklei-

[45] KNOBLOCH, Urspung, S. 44.

[46] Zur Kindertaufe vgl. J. JEREMIAS, Die Kindertaufe in den ersten vier Jahrhunderten, Göttingen 1958.

[47] TUSCHEN, Taufe, S. 155.

dern“ erzählt wird, und erwähnt das Adjektiv *aubé* „gereinigt sein, unschuldig, gerechtfertigt“, das dann auch substantiviert wurde zu *aubé* „Unschuldiger, getaufter Mensch“, in Dialekten auch „Neugeborener“. Ich denke, von hier führt auch bei einer Fehlübersetzung kein Weg zur „Morgenröte“.

Überblickt man nun zusammenfassend alle drei Vorschläge, so enthalten sie jeder für sich (auch der von J. KNOBLOCH) Elemente, die richtig sind. Es kommt nur darauf an, diese in einen Zusammenhang zu bringen, der überzeugt und eine *plausible Verbindung* folgender, mit Ostern zusammenhängender Punkte erlaubt:

1. das *Frühjahr* (April; *ôstarmânoth*) muß eine Rolle spielen, wahrscheinlich auch ein (heidnisches) Frühlingsfest.

2. der *Plural* der Bildung des Wortes *Ostern* erfordert eine befriedigende Erklärung.

3. eine wichtige Rolle muß *ein mit Ostern unmittelbar und eng zusammenhängendes Ereignis* besessen haben. Das kann die von J. KNOBLOCH herangezogene, aber nur am Rand behandelte *Taufe* gewesen sein.

4. Dieses Ereignis muß *im Zentrum der Osterfestes* stattgefunden haben. Es kann sich kaum um einen Vorgang gehandelt haben, der am Ende der Nacht oder im Morgengrauen stattgefunden hat.[48] Diese These wurde nur deshalb favorisiert, weil man immer danach strebte, lat. *aurora* usw. mit *Osten* und *Ostern* zu verbinden.

5. S. GUTENBRUNNERs Verbindung mit anord. *ausa* ist ein Fortschritt. Er löst den Zwang einer Verbindung mit der Morgenröte und lenkt den Blick in eine ganz andere Richtung.

6. Ein *Göttinnen- oder Göttername kommt nicht in Betracht* (Monatsnamen gehen nicht darauf zurück).

---

[48] Nicht am Ostermorgen, sondern in der Nacht entfalteten die Feierlichkeiten des Osterfestes ihren Höhepunkt: es war „die glänzende Erleuchtung dieser Nacht, wovon die Alten so viel Rühmens machen ... Durch diese Erleuchtung der Häuser und Städte sollte auch den Katechumenen und Profanen eine hohe Meinung von den christlichen Mysterien beigebracht werden“ (J.C.W. AUGUSTI, Archäologie der Taufe, in: Denkwürdigkeiten, Bd. 7, Leipzig 1825, S. 171,172). Vgl. dazu auch AUGUSTI, Denkwürdigkeiten, Bd. 1, Leipzig 1818, S. 216ff. (die Feierlichkeiten wurden bisweilen übertrieben und führten gelegentlich zu Mißbräuchen).

III. Heidnische Bräuche[49]

1. Frühlingsfest bei den Germanen

An der Tatsache, daß das Frühjahr ein seit alters beliebter Zeitraum für ein heidnisches Fest gewesen ist, besteht kein Zweifel. Nach K. HELM[50] sind gerade „die Zeugnisse für die Frühlingsfeste ... am deutlichsten“. Man vergleiche dazu etwa die Ausführungen bei MONTANUS[51] und R. STUMPEL.[52] M. OLSEN[53] hat unterstrichen, daß um die Zeit der Tag- und Nachtgleiche die alten Germanen ihr größtes Frühlingsfest zu Ehren der Vegetationsdämonen gehabt haben und dieses Fest im christlichen Osterfest aufgegangen sei. Da heidnische Frühlingsriten dem kirchlichen Osterritual sehr nahe kommen konnten, ist davon sicher manches in das christliche Osterfest eingeflossen. Auch das Nerthusfest setzt man in das Frühjahr.[54] Wenn man weiter bedenkt, daß das christliche Osterfest seinerseits vom jüdischen Passahfest herstammt,[55] ist R. STUMPEL[56] sicherlich beizupflichten, wenn er eine Anlehnung des Osterfestes an heidnische Frühlingsfeste annimmt.

Von seiten der Kirche ist zudem bekanntlich immer wieder darauf geachtet worden, heidnische Sitten durch christliche zu ersetzen, zu überlagern oder sogar zu übernehmen. Dafür spricht u.a. auch das berühmte Schreiben Gregor des Großen an Augustinus

---

[49] Beachtenswert: F. WIDLAK, Die abergläubischen und heidnischen Bräuche der alten Deutschen nach den Zeugnissen der Synode von Liftinae im Jahre 743, Programm Znaim 1903/04.

[50] Altgermanische Religionsgeschichte, Bd. 2, S. 208.

[51] Die deutschen Volksfeste, Jahres- und Familienfeste, Iserlohn - Elberfeld 1854, S. 25ff.

[52] Kultspiele der Germanen als Ursprung des mittelalterlichen Dramas, Berlin 1936, S. 215-222.

[53] Maal og Minne, Kristiania 1909, S. 25.

[54] HELM, Altgermanische Religionsgeschichte, Bd. 2, S. 208.

[55] Ausführlich: W. HUBER, Passa und Ostern. Untersuchungen zur Osterfeier der alten Kirche, Berlin 1969.

[56] STUMPEL, Kultspiele, S. 215.

von Canterbury vom 18.7.601,[57] worin er sich „zu einem kultischen Anschluß an nichtchristliches Brauchtum“[58] geäußert hat. Überhaupt wird vielfach anerkannt, daß „neue christliche Feste, zumal der Heiligen, ... mit Bedacht und ungefähr auf heidnische Feiertage gelegt“[59] worden sind.

R. STUMPEL umriß den Sachverhalt zusammenfassend wie folgt: „Jedenfalls wird man mit HELM an dem Schluß festhalten dürfen, daß es ein altes wichtiges Fest des Namens gab, das mit dem christlichen Fest zeitlich zusammenfiel und deshalb diesem seinen Namen vererbte. Ein solches heidnisches Fest kann nur ein Frühlingsfest gewesen sein. Und so ist man gewiß berechtigt, solche Osterbräuche, welche ihrem Gehalt nach alte Frühlingsbräuche sind und ihre Erklärung nicht in altchristlichem Ritual finden, als Reste altgermanischen Kultes zu betrachten, und zwar selbst in solchen Ländern, in denen das Fest selbst den kirchlichen Namen behalten hat“[60].

Die Kritik von L. MACKENSEN[61] („ein altgermanisches Osterfest hat es nie gegeben“) ist von J. DE VRIES[62] als „wenig glaubhaft“ bezeichnet worden, man vergleiche auch die noch deutlichere Ablehnung dieser Auffassung durch H. FREUDENTHAL[63] und auch H. WESCHE.[64]

Die Übereinstimmung des heidnischen Frühlingsfestes mit Riten des christlichen Osterfestes geht aber noch weiter. Zum einen

---

[57] Monumenta Germaniae Historica, Epistolae Gregorii papae Registrum epistolarum, Libri VIII-XIV, hrsg. v. P. EWALD u. L.M. HARTMANN, Berlin 1899, S. 330f.

[58] A. BAUMSTARK, Nocturna Laus, aus dem Nachlaß hrsg. v. O. HEIMING, Münster 1957, S. 26.

[59] J. GRIMM, Deutsche Mythologie, 3. Ausg., Bd. 1, Göttingen 1854, S. XXXI.

[60] R. STUMPEL, Kultspiele der Germanen, 217. Dort S. 91-192 auch allgemein und ausführlich zur Übernahme heidischer Bräuche in die Kirche des Mittelalters.

[61] Niederdeutsche Zeitschrift für Volkskunde 3(1925)95.

[62] Altgermanische Religionsgeschichte, Bd. 1, Berlin 1956, S. 357.

[63] FREUDENTHAL, Feuer, S. 283ff.

[64] Beiträge zur Geschichte der deutschen Sprache und Literatur 61(1937) 100f.

betrifft sie das Inhaltliche. So kann nach R. STUMPEL[65] „... tatsächlich ... das Ritual von Tod und Auferstehung beim Frühlingsfest nahezu als Allgemeingut der heidnischen Religionen angesehen werden". Ein Beispiel: „Nach der Friðþiofssaga (c. 9) fand im Baldrhag am Sognefjord im Frühjahr ein Götterfest statt, bei dem die Bilder Baldrs und anderer Götter von Frauen am Feuer gewärmt, mit Fett bestrichen und mit Tüchern abgerieben wurden. Die Verbindung Baldrs mit dem Jahresdrama liegt auf der Hand; seine Austreibung erinnert an das Winter- und Todaustreiben unseres Brauchtums".[66]

Auch der Glaube an die besondere Wirkung des Osterwassers kann auf heidnische Vorstellungen zurückgehen. Ich gehe darauf nicht näher ein; theologische und volkskundliche Werke haben dazu vieles zusammengetragen.[67] Nur eines sei hier erwähnt: die weit verbreitete Vorstellung, daß das Osterwasser schweigend geschöpft und getragen werden müsse, findet sich schon bei den Germanen: „Als Willebrord die Insel Fositesland besuchte, fand er dort eine heilige Quelle, aus der man nur schweigend schöpfen durfte".[68] Und weiter: „Der Glaube an die Kraft des Wassers ... hat sich auch nach der Bekehrung erhalten, wurde nur in christlichem Sinne umgestaltet. Nur zu bestimmten Zeiten und unter besonderen Bedingungen (schweigend) sollte das Wasser geschöpft werden".[69] Daß sich damit altchristliche österliche Vorstellungen, die schon aus der Zeit Tertullians bezeugt sind und zeigen, „daß das Wasser eine besondere Beziehung zu Pascha hat",[70] in Dek-

---

[65] STUMPEL, Kultspiele der Germanen, S. 215 (mit weiteren Ausführungen).

[66] STUMPEL, Kultspiele, S. 216.

[67] Man vergleiche etwa M. NINCK, Die Bedeutung des Wassers im Kult und Leben der Alten, Darmstadt 1960; P. SARTORI, Sitte und Brauch, 3. Teil: Zeiten und Feste des Jahres, Leipzig 1914; auch schon J. GRIMM, Dt. Mythologie, 3. Ausg., 1, S. 549ff.; man vergleiche ferner F. BUCHNER, Missionstaufe und Taufbrunnen in deutschen Gebieten, Volk und Volkstum. Jahrbuch für Volkskunde 1(1936)211.

[68] DE VRIES, Altgerm. Religionsgeschichte I, S. 350; vgl. auch R. MUUSS, Die altgermanische Religion nach kirchlichen Nachrichten aus der Bekehrungszeit der Südgermanen, Diss. Bonn 1914, S. 16f.

[69] DE VRIES, Altgerm. Religionsgeschichte I, S. 350.

[70] O. CASSEL, Jahrbuch für Liturgiewissenschaft 14(1938)17.

kung bringen lassen, steht außer Frage. Die Verehrung der Quellen in altgermanischer Zeit wird eine weitere Rolle gespielt haben.[71] Man vergleiche etwa K.H. JACOB-FRIESEN: [72] „Als besonders heilkräftig galt das Quellwasser im Frühling, weil dieser die Verkörperung alles sprossenden und keimenden Lebens in der Natur war, sowie im Hochsommer, der den Höhepunkt im Leben der Natur darstellt. Zu diesen Zeiten finden noch heute die heimlichen Gänge zum Quell oder die großen Brunnenwallfahrten statt". Man denke auch an die bekannte Klage des Gregor von Tours, daß die Franken Quellen verehren.[73] Weiteres kann man den Arbeiten von K. WEINHOLD[74] und O. HAHNE[75] entnehmen. Zudem blieben später „ehemalige Tauforte an Quellen, Brunnen oder Flüssen aus der Zeit der Missionierung ... noch viele Jahrhunderte in höchsten Ehren, auch wenn sie noch so bescheiden waren".[76]

Noch deutlicher als beim Osterwasser ist der heidnische Ursprung beim Osterfeuer. [77] Man ist sich darüber weitgehend einig, zumal sich schon Bonifatius dagegen ausgesprochen hat.[78] R. STUMPEL[79] meinte dazu: „Auf ein vorchristliches Osterfest geht u.a. der deutsche Brauch der Feuerweihe, des Neufeuers zurück,

---

[71] Belege bietet z.B. H. HOMANN, Der *Indiculus superstitionum et paganiarum* und verwandte Denkmäler, Diss. Göttingen 1965, S. 75f.

[72] Der altgermanische Opferfund im Brodelbrunnen zu Pyrmont, Hannover 1928, S. 20f.

[73] MUUSS, Altgerm. Religion, S. 14 (vgl. Monumenta Germaniae Historica, Scriptores Rerum Merovingicarum, Bd. 1, hrsg. v. B. KRUSCH u. W. LEVISON, Nachdruck Hannover 1965, S. 77).

[74] K. WEINHOLD, Die Verehrung der Quellen in Deutschland (= Philosophische und historische Abhandlungen der Kgl. Akademie der Wissenschaften zu Berlin, Jg. 1898, Nr. 1), Berlin 1898.

[75] O. HAHNE, Reste heidnischer Quellenverehrung im Braunschweiger Lande, Braunschweigisches Magazin, Jg. 1931, S. 2-11.

[76] E. FÄRBER, Der Ort der Taufspendung, Archiv für Liturgiewissenschaft 13(1971)41 mit Hinweis auf BUCHNER, Missionstaufe.

[77] Allgemein dazu: FREUDENTHAL, Feuer, S. 231ff., speziell S. 248ff., vgl. auch H. v. SCHUBERT, Geschichte der christlichen Kirche im Frühmittelalter, Tübingen 1921, S. 667.

[78] MONTANUS, Dt. Volksfeste, S. 26.

[79] STUMPEL, Kultspiele, S. 219.

der hier an die Stelle der kirchlichen Weihe der Osterkerze tritt. Die Antwort von Papst Zacharias (8. Jahrhundert) auf eine Anfrage des Bonifatius, wie er sich gegenüber den deutschen *ignes paschales* verhalten solle, zeigt, daß der Brauch in Rom unbekannt war. Er wurde von der Kirche in Form einer allgemeinen Feuerweihe übernommen". Bei H. FREUDENTHAL heißt es dazu: „Die Geschichte des kirchlichen Karsamstagsfeuers weist mit ihrem Beginn ziemlich bestimmt in germanische Lande ... Die römische Feuerweihe hat, wenn nicht gar die Anregung, so doch die wesentliche Ausgestaltung von den germanischen Frühlingsfeuern bekommen; daß sie dann natürlich mit christlichen Umdeutungen arbeiten mußte, ist selbstverständlich".[80] Eine entsprechende, ebenfalls nichtchristliche Sitte kannte man auch in Irland: „In der Osternacht wurde seit dem 7. Jahrhundert, vielleicht auch schon seit Patricks Zeiten, in Fortführung heidnischer Sitte das heilige Feuer angezündet".[81]

Aber auch der Termin des Osterfestes[82] deckt sich mit heidnischen „Vorlagen": „Die heidnischen Feste stimmten ja auch darin mit dieser christlichen Feier überein, daß sie nicht an einem bestimmten Tage, sondern im Zusammenhang mit dem Eintreten des Vollmondes stattfanden; das aber weist auf ein sehr hohes Alter dieser Opferfeiern hin, da sie ja in einer Zeit entstanden sind, wo noch nach Mondjahren und nicht mit Sonnenjahren gerechnet wurde".[83] Man muß mit verschiedenen Festen zwischen

---

[80] FREUDENTHAL, Feuer, S. 286.

[81] W. DELIUS, Geschichte der irischen Kirche von den Anfängen bis zum 12. Jahrhundert, München/Basel 1954, S. 74.

[82] Auf die Streitigkeiten um die Festlegung gehe ich hier nicht ein, man vergleiche etwa A. BELLESHEIM, Geschichte der katholischen Kirche in Irland, Bd. 1, Mainz 1890, S. 179ff.; J. SCHMID, Die Osterfestberechnung auf den britischen Inseln vom Anfang des vierten bis zum Ende des achten Jahrhunderts, Regensburg 1904; A. HAUCK, Kirchengeschichte Deutschlands, 1. Teil, 9. Aufl., Berlin 1958, S. 260ff.; W. DELIUS, Geschichte der irischen Kirche von den Anfängen bis zum 12. Jahrhundert, München/Basel 1954, S. 106f., 129f. und M. RICHTER, in: Irland und Europa. Die Kirche im Frühmittelalter, hrsg. v. P. NÍ CHATHÁIN u. M. RICHTER, Stuttgart 1984, S. 428.

[83] DE VRIES, Altgerm. Religionsgeschichte I, S. 446.

Dezember und April rechnen, darunter aber - und für unsere Frage besonders wichtig - „mit einem Frühlingsfest an einem bestimmten Tage zwischen Mitte März und Mitte April".[84]

Man kommt nicht daran vorbei: „Auf die Osterzeit fiel ein vorchristliches Frühlingsfest der Germanen".[85]

2. Heidnische Taufe

Seit mehr als 200 Jahren ist bekannt, daß es einen der christlichen Taufe ähnlichen Ritus bei den Nordgermanen, und (das ist umstritten) vielleicht auch bei anderen germanischen Stämmen gab. Grundlegend ist hier lange die 1881 erschienene Abhandlung von K. MAURER, Über die Wasserweihe des germanischen Heidentums[86] gewesen. Aber schon MAURER verwies auf weitaus ältere Untersuchungen und Erwähnungen der Sitte, so auf O. SPERLING,[87] J.K. KEYSLER[88] und J.CH. CLEFFEL.[89] Auch H. PFANNENSCHMIDT[90] hat darauf schon aufmerksam gemacht.

Auch J. GRIMM kannte die Sitte:[91] Der Vater „hebt, nimmt ... das Kind auf oder heißt es aufheben und nun erst wird es mit Wasser besprengt (*barni vatni ausit*) und ihm ein Name gegeben". Mit der Besprengung war auch ein rechtlicher Status verbunden:

---

[84] DE VRIES, Altgerm. I, S. 447. Vgl. auch J.G. FRAZER, The Golden Bough. A study in Magic and Religion, 3. Aufl., Bd. 4, London 1913, S. 258.

[85] TRÜBNERs deutsches Wörterbuch, Bd. 5, Berlin 1954, S. 38. Man vergleiche auch V. STRÖM, Germ. u. balt. Religion, S. 238f.

[86] In: Abhandlungen der Philosophisch-Philologischen Klasse der Kgl. Bayerischen Akademie der Wissenschaften, Bd. 15, München 1881, III. Abteilung, S. 173-253.

[87] De baptismo ethnicorum dissertatio, Kopenhagen 1700, S. 151-211.

[88] Antiquitates selectae septentrionales et celticæ, Hannover 1720, S. 310-313.

[89] Antiquitates Germanorum potissimum septentrionalium selectae, Frankfurt-Leipzig 1733, 103-119.

[90] Das Weihwasser im heidnischen und christlichen Glauben, Hannover 1869, S. 97ff.

[91] Deutsche Rechtsaltertümer, Göttingen 1828, S. 455.

„Schon RUDOLF VON SYDOW[92] hat darauf aufmerksam gemacht, daß ältere Dänische Rechtsbücher sowohl als das westgotische Gesetzbuch die Erbfähigkeit von Kindern geradezu von dem Empfange der Taufe Seitens derselben abhängig stellen".[93] Denn „das neugeborne Kind galt, solange es die heidnische Wassertaufe, mit welcher die Namengebung verbunden war, noch nicht empfangen hatte ..."[94] als rechtlos.

Die große Nähe zur christlichen Taufe fiel ebenfalls früh auf und J. GRIMM[95] äußerte dazu: „Es ist schon hinlänglich bekannt, daß schon vor dem Christentum und vor Einführung der Taufe, eine Heiligung des neugebornen Kindes durch Wasser unter den nordischen Heiden galt; man nannte das *vatni ausa,* mit Wasser begießen. Vermutlich fand auch dieser Ritus unter den übrigen Germanen statt, und vielleicht legte man dem dazu gebrauchten Wasser, wie unter den Christen dem *Taufwasser*, eine besondere Kraft zu".

Der Ritus wurde auch von A. QUITZMANN[96] und K. SIMROCK[97] erwähnt. Letzterer schrieb: „Bekannt ist, daß schon die heidnischen Germanen die Taufe kannten, wovon wir im eddischen Rigsmal ein Beispiel sehen, wo das Kind genetzt wird, d.h. ins Wasser getaucht; von Tauchen hat die Taufe den Namen. Auch war damit die Namengebung verbunden, welche dem Vater oder nächstem Verwandten zustand; gewöhnlich übte sie der Mutter Bruder, der in vorzüglichem Ansehen stand; vgl. Tac. Germ. c. 20". Allerdings ist zu korrigieren, daß von einem Eintauchen in das Wasser nicht zu sprechen ist, vgl. dazu unten S. 66ff.

Wie schon erwähnt, erschien 1881 K. MAURERs grundlegende Abhandlung, die lange die Diskussion bestimmte. Darin heißt es: „Die gewöhnliche Bezeichnung, unter welcher die Erteilung der

---

92 Darstellung des Erbrechts nach den Grundsätzen des Sachsenspiegels, Berlin 1828, S. 57, Anm. 182.

93 MAURER, Wasserweihe, S. 176.

94 W. MANNHARDT, Germanische Mythen, Berlin 1858, S. 310. Vgl. auch NINCK, Bedeutung des Wassers, S. 154.

95 J. GRIMM, Dt. Mythologie, 3. Ausg., Bd. 1, S. 559.

96 A. QUITZMANN, Die heidnische Religion der Baiwaren, Leipzig-Heidelberg 1860, S. 256.

97 SIMROCK, Handbuch der dt. Mythologie, S. 568.

Wasserweihe in den Quellen erwähnt zu werden pflegt, ist bekanntlich: *at ausa barn vatni,* d.h. ein Kind mit Wasser begießen".[98] Diese Wasserweihe ist in der Regel mit der Namengebung gekoppelt.[99]

Wichtig ist ein sprachlicher Unterschied zur christlichen Taufe: es ist „schon längst bemerkt worden, daß jene Bezeichnung immer nur auf die Wasserweihe Anwendung findet, welche die nordischen Heiden ihren Kindern angedeihen zu lassen pflegten, wogegen für die christliche Taufe ebenso ausschließlich die Bezeichnung *skírn,* d.h. Reinigung, und für deren Erteilung die Bezeichnung *at skíra,* d.h. reinigen, gebraucht wird; dennoch aber besteht zwischen dem heidnischen und dem christlichen Gebrauche der Wassertaufe eine sehr auffällige Verwandtschaft".[100]

Seine Schlußfolgerungen, die wir gleich noch anhand der Rezension von K. MÜLLENHOFF näher beleuchten werden, hat MAURER selbst etwas relativiert und auf eine offene Frage hingewiesen. Es heißt bei ihm am Schluß der Untersuchung:[101] „Eingehende Untersuchungen über die Gestaltung der Kindertaufe in der abendländischen Kirche überhaupt, und in der irischen, schottischen und englischen Kirche insbesondere, zumal auch in der Richtung der Termine, innerhalb deren dieselbe in den verschiedenen Ländern erteilt zu werden pflegte, müßten erst angestellt werden ...". Mit diesem Satz wird ein wichtiges Problem angeschnitten, das auch K. MÜLLENHOFF in seiner scharfen Besprechung[102] unterstrichen hat.

K. MAURER war zu dem Schluß gekommen, daß der heidnische Ritus letztlich eine Übernahme christlichen Handelns, wahrscheinlich aus England, Schottland und Irland, sei. Dazu MÜLLENHOFF: „Jedem, der vorurteilslos an die Sache herantritt, wird es höchst unwahrscheinlich vorkommen, daß durch einen, wie lebhaft man ihn sich auch denke, doch immer weitläuftigen und nur sporadischen Verkehr über die Nordsee der christliche

---

[98] MAURER, Wasserweihe, S. 178.

[99] MAURER, Wasserweihe, S. 178 mit Beispielen.

[100] MAURER, Wasserweihe, S. 178.

[101] MAURER, Wasserweihe, S. 253.

[102] Anzeiger für deutsches Altertum 7(1881)404-409.

Gebrauch von Britannien auf deren rechte Seite verpflanzt sein und dann über den ganzen germanischen Norden als feste Rechtsnorm sich verbreitet haben soll. Ohne Voreingenommenheit und besondere Wünsche glaube ich, wird jeder ... bei der bisherigen Ansicht bleiben, daß in der nordischen 'Wasserweihe' nur ein vielleicht eigentümlich gestalteter, aber von Urzeiten her eingewurzelter Brauch sich erhalten habe, der im wesentlichen auch als gemeingermanisch angesehen werden könne".[103]

Wenige Jahre später hat sich S. BUGGE dem Ritus der heidnischen Wasserweihe zugewandt[104]. Darin betont er, daß davon schon in der Rígsþula die Rede ist (*Jođ ól Edda, iosu vatni; Jođ ol Amma, iosu vatni, kolluđu Karl* usw.). Auch BUGGE nimmt an, daß der Brauch von christlichen Nachbarn der Nordleute herübergenommen wurde:[105] „Das *ausa barn vatni* ist ... ein Ritus, der mit mehreren von MAURER besprochenen Eigentümlichkeiten auftritt, von welchen bei den heidnischen Deutschen nicht die entfernteste Spur sich findet, in welcher er jedoch mit der christlichen Taufe übereinstimmt".[106] Allerdings sind ähnliche Gebräuche im Angelsächsischen bezeugt: „Ein naheverwandter Ausdruck *oferweorpan mid wætere,* eigentlich 'mit Wasser bewerfen' findet sich in zwei ags. Gedichten. Ohne religiöse Bedeutung: *wæteres weorpan* Beowulf 2791 für die Übergießung mit Wasser in der christlichen Taufe gebraucht".[107] Damit ist klar, daß K. SIMROCKs Auffassung (oben S. 26) von einem „Eintauchen" verfehlt ist. Zu dem altenglischen Terminus vgl. unten S. 76f.

S. BUGGEs Folgerungen sind: „Das christliche Taufformular ist in dem nordischen heidnischen Gedicht Hávamál in eine Zauberformel, einen Zauberspruch verwandelt worden, der bei der Übergießung gesprochen wird" und „die nordische Wasserübergie-

[103] Anzeiger für deutsches Altertum 7(1881)405.

[104] Studien über die Entstehung der nordischen Götter- und Heldensage, München 1889.

[105] Begründung: BUGGE, Studien, S. 401f.

[106] Ebda., S. 400.

[107] BUGGE, Studien, S. 402.

ßung [kam] durch den Einfluß der christlichen Taufe in Brauch".[108]

K. WEINHOLD[109] faßte die Sitte so auf: Hatte der Vater nach der Geburt „das Kind aufgenommen, so ward er sogleich gefragt, wie es heißen solle (*hvat heita skylði*); er begoß es hierauf mit Wasser (*iós vatni*) und legte ihm einen Namen bei (*nafn gaf barninu*). Die Germanen hatten also eine der christlichen Taufe äußerlich gleiche Handlung, und das christliche Sakrament fand später um so leichteren Eingang. Zuweilen verzichtete der Vater zu Ehren eines angesehenen nahen Verwandten auf sein hausväterliches Amt; wir finden so, daß König Erich Blutaxt von Norwegen sein Söhnlein nicht selbst taufte, sondern das seinem Vater Harald Schönhaar überließ ... So überließ es Glum seiner Frau Hallgerd, wie das Töchterchen heißen solle ... Nach der Bekehrung änderte sich die Sitte dahin, daß den Namen der bestimmte, welcher das Kind über der Taufe hielt".

Auch K. HELM stimmte der Übernahme aus dem Christentum zu:[110] im Norden „wurde schon lange vor der Bekehrung an dem Neugeborenen nach dem Vorbild der christlichen Taufe die sogenannte Wasserweihe vorgenommen. Es ist ein Beispiel für den gar nicht seltenen Fall, daß eine kultische Handlung einer fremden Religion als besonders wirksam, als eine Art kräftigen Zaubermittels übernommen wird. Es muß geschlossen werden, daß dieser Brauch auf dem Wege über englisches oder deutsches Gebiet nach dem Norden gelangte, daß er also auch bei den Westgermanen Eingang gefunden hatte. Dazu paßt sehr gut, wenn Papst Gregor im Jahre 732 von heidnischen Priestern schreibt, welche die Taufe vollziehen, was natürlich keine wirkliche christliche Taufe darstellen konnte, sondern nur eine heidnische Nachahmung derselben". Von einer „Analogieschöpfung" nach christlichem Bild ging auch W. BAETKE aus.[111]

---

[108] Ebda., S. 404.

[109] Altnordisches Leben, Stuttgart 1938, S. 171f.

[110] HELM, Altgerm. Religionsgeschichte II, S. 213.

[111] W. BAETKE, Christliches Lehngut in der Sagareligion (= Berichte über die Verhandlungen der Sächsischen Akademie der Wissenschaften, Phil.-hist. Klasse 98, Heft 6), Berlin 1951, S. 24f.

Der Auffassung von MAURER und BUGGE, die angenommen hatten, daß der Ritus bei den Westgermanen nicht sicher nachweisbar sei, widerspricht allerdings, daß es auch bei den Friesen das Recht gab, neugeborene Kinder zu töten,[112] also eine dem Nordischen ganz ähnliche Praxis. Schließlich darf man mit J. FREISEN[113] annehmen, daß die aus christlicher Zeit bekannte Festsetzung der Taufe als Bedingung der Erbfähigkeit im westgotischen und ostnordischen Recht „nichts anderes (ist) als eine Reminiszenz an die alte heidnische Zeit".

Fast genau 100 Jahre nach K. MAURERs Abhandlung hat sich R. SIMEK der Problematik noch einmal zugewandt,[114] wobei er allerdings wie fast alle anderen Forscher eine Hamburger Dissertation unberücksichtigt ließ, die sich recht intensiv mit dem Phänomen der germanischen Wasserweihe befaßt hat. Es ist die Untersuchung von U. PERKOW.[115] Die Autorin weist auf den Kernpunkt der Diskussion hin, der „naturgemäß von jeher die Überlegung [war], wie weit die Sitte überhaupt selbständiger geistiger Besitz der heidnischen Germanen sei und wie weit das Christentum beeinflussend gewirkt habe"[116] und betont die wichtige Sammlung von PH. CLUVER,[117] dessen Material zu der Erkenntnis führt, daß es sich bei der Wasserweihe um einen bei vielen Völkern zu belegenden Brauch handeln muß. Sie weist weiter auf die Fülle größtenteils voneinander unabhängiger Belege für die Durchführung der Wasserweihe in Norwegen, Island und auf den Orkney-Inseln hin.[118]

---

[112] H. LAU, Die angelsächsische Missionsweise im Zeitalter des Bonifaz, Theol. Diss. Kiel 1909, S. 10 mit Hinweis auf die Vita Liudgeri I,6,11 (406).

[113] Die katholischen Ritualbücher der nordischen Kirche und ihre Bedeutung für die germanische Rechtsgeschichte, Heidelberg 1909, S. 141.

[114] R. SIMEK, Die Wasserweihe der heidnischen Germanen, Diplomarbeit Wien 1979.

[115] U. PERKOW, Wasserweihe, Taufe und Patenschaft bei den Nordgermanen, Diss. Hamburg 1972.

[116] PERKOW, Wasserweihe, S. 9.

[117] Germania antiqua, Bd. 1, Lugduni Batavorum 1631, Kap. XXI, S. 149-154.

[118] PERKOW, Wasserweihe, S. 13 mit Anm. 36.

R. SIMEK, Wasserweihe listet zunächst die altnordischen Belegstellen der heidnischen Sitte auf (S. 4-14) und geht dann zu den südgermanischen Belegen über. Diese seien „zwar bedeutend älter und ihrer Herkunft nach vielfältiger als die die Nordgermanen betreffenden, aber durchwegs von geringerer Konkretheit und Klarheit".[119] Es schließt sich ein Kapitel über die „Symbolik des Wassers und des Untertauchens" (S. 24-29) an. Dabei wird besonderer Wert auf das Untertauchen, dessen Erscheinung bei verschiedenen Völkern und dessen Bedeutung in religiöser Hinsicht gelegt. Es folgt eine Darstellung der Verbreitung und Arten der Wasserlustrationen (S. 30-36). Die christliche Taufe (S. 37-40) wird vor allem unter dem Gesichtspunkt der vollständigen Eintauchung gesehen, wobei sich R. SIMEK vor allem auf die Arbeiten von F.J. DÖLGER aus dem ersten Jahrzehnt dieses Jahrhunderts bezieht. Neuere Anschauungen sind zu teilweise stark davon abweichenden Ergebnissen gekommen (vgl. dazu unten S. 67ff.). Die Diskussion um die Echtheit bzw. die Herkunft der germanischen Wasserweihe (S. 44-50) enthält eine gute Auflistung der gegensätzlichen Argumente, die Entscheidung des Autors erfolgt erst nach einem Exkurs zur germanischen Taufterminologie (S. 51-53) in den Schlußfolgerungen (S. 62). SIMEK spricht sich gegen Entlehnung aus.

Die wesentlichen Punkte seiner Arbeit hat R. SIMEK in seinem Lexikon der germanischen Mythologie[120] nochmals zusammengefaßt: „Die Wasserweihe findet sich über 30 Mal in der altnord. Literatur erwähnt ..., allerdings ist keine dieser Quellen vor dem 12. Jh. entstanden; in der Skaldendichtung wird die W. nicht erwähnt. Die älteste Quelle liegt in einem um 732 geschriebenen Brief des Papstes Gregor III. an Bonifatius vor, wo von einer Taufe durch die Heiden die Rede ist ... Die nordischen Erwähnungen sind als Belege für die Existenz einer heidnischen W. nicht stichhaltig und man wird wie bei anderen 'heidnischen' Riten ... mit der Möglichkeit gelehrter Rückverlängerung christl. Bräuche zu rechnen haben; daß der Brauch nicht etwa in den letzten vorchristlichen Jahrhunderten [sic! J.U.] aus der christl. Taufe ent-

---

119 SIMEK, Wasserweihe, S. 15.

120 2. Aufl., Stuttgart 1995, S. 475f.

lehnt wurde, etwa in der Kontaktzone der britischen Inseln, geht daraus hervor, daß zu dieser Zeit das Untertauchen noch die verbreiteste Form der christl. Taufe war, während die Beschreibung der W. den Übergang zum Besprengen des Neugeborenen voraussetzt.

Zweierlei allerdings spricht für die Existenz einer W[asserweihe] bei den heidnischen Germanen: einerseits war die Taufe im Rechtsbrauch mit zahlreichen Rechtsfolgerungen im 13. Jh. schon so etabliert, daß MAURER gemeint hat, die Taufe müßte wenigstens als Rechtshandlung eine W. voraussetzen; allerdings dürften dafür auch die 200 Jahre seit der Christianisierung Islands ausgereicht haben; andererseits ist eine kultische Wasserlustration des Neugeborenen bei den indogerman. Völkern so verbreitet, daß die Germanen bei einem Fehlen einer W[asserweihe] eher die Ausnahme gewesen wären. Beweiskraft für eine Echtheit der W[asserweihe] bei den Germanen haben aber natürlich auch diese Argumente nicht".

Wie wir noch sehen werden, enthält diese Bemerkung hinsichtlich des Untertauchens eine sehr strittige, wahrscheinlich falsche Aussage. Es wird darauf im Zusammenhang mit der Frage nach dem Taufritus der christlichen Kirche zurückzukommen sein.

Auf die mit der christlichen Taufwasserweihe zusammenhängenden Riten brauchen wir für unsere Frage nicht einzugehen. Man vergleiche dazu die Ausführungen von B. KLEINHEYER,[121] J. P. DE JONG,[122] A. FRANZ[123] und auch A. TUSCHEN.[124]

Die Gegenposition zu der Annahme, daß die heidnischen Germanen ihre Taufzeremonie von den Christen übernommen hätten, ist seltener.[125] Immerhin gehört dazu J. DE VRIES:[126] „Die Wassertaufe hat durch ihre auffallende Übereinstimmung mit dem

---

[121] Sakramentliche Feiern I., Regensburg 1989, S. 115-118.

[122] Benedictio fontis. Eine genetische Erklärung der römischen Taufwasserweihe, Archiv für Liturgiewissenschaft 8,1(1963)21-46.

[123] Die kirchlichen Benediktionen im Mittelalter, Bd. 1, Freiburg 1909, S. 43-220.

[124] TUSCHEN, Taufe, S. 71-75.

[125] Man vergleiche allerdings die fast völlig übersehenen Ausführungen bei PERKOW, Wasserweihe, S. 7ff.

[126] DE VRIES, Altgerm. Religionsgeschichte I, S. 179f.

christlichen Brauch wiederholt die Aufmerksamkeit der Forscher auf sich gezogen. Daß man sie als eine Nachahmung der christlichen Taufe hat betrachten wollen, ist leicht begreiflich; sie wäre dann durch die Berührungen mit den Nachbarvölkern in der Wikingerzeit nach Skandinavien gelangt. Das läßt sich aber nicht aufrecht erhalten angesichts der Tatsache, daß eine Wassertaufe auch bei zahlreichen primitiven Völkern bekannt ist und daß wir sogar aus Mitteilungen bei klassischen Schriftstellern wissen, daß sie auch bei südgermanischen Stämmen gebräuchlich war. Man darf hierauf wohl die Mitteilung Galens im 2. christl. Jahrh. beziehen, daß die Germanen die Neugeborenen, heiß vom Mutterleibe, wie glühendes Eisen in kaltes Flußwasser getaucht haben sollen; allerdings ist es gar nicht sicher, ob hier eine richtige Taufe oder nur eine Härteprobe vorliegt.[127] Denn, wie der altnordische terminus technicus[128] *ausa vatni* schon andeutet, haben die Germanen ihre heidnische Taufe vollzogen, indem sie das Kind mit Wasser besprengten; das zeigen auch die Worte des Hávamál klar: *þat kann ec iþ þrettanda, ef ek skal þegn ungan verpa vatni á* [Ein dreizehntes kenne ich, wenn eines Degens Sohn mit Wasser ich bewerfen soll]".[129]

Nach Durchsicht der Hinweise auf entsprechende Bräuche bei südgermanischen Stämmen heißt es dazu bei U. PERKOW:[130] „Bei vorsichtiger Auslegung erlauben die mannigfachen Anläufe zur Erklärung eines den Römern und Griechen unverständlichen Verfahrens lediglich den Schluß, daß südgermanische Stämme eine zeremonielle Wasseranwendung nach der Geburt ihrer Kinder übten, bevor bei ihnen an eine Begegnung mit dem Christentum zu denken war".

Etwas ähnliches glaubt man aus Chlodwigs Äußerung nach dem Tod seines gerade christlich getauften Sohnes entnehmen zu können. So schreibt W. MANNHARDT:[131] „... daß aber eine ähnliche

---

[127] Zu dieser Stelle s. auch SIMEK, Wasserweihe 16ff.

[128] W. BAETKE, Christliches Lehngut, S. 25.

[129] „Diese Stelle ist übrigens die einzige, die die Phrase *verpa vatni a* verwendet" (SIMEK, Wasserweihe, S. 5).

[130] PERKOW, Wasserweihe, S. 16.

[131] MANNHARDT, Germ. Mythen, S. 312.

Sitte wie die nordische Wasserbegießung stattfand, geht wohl aus den Worten Chlôdwigs, des Frankenkönigs ... hervor: 'Si in nomine deorum meorum puer fuisset dicatus, *vixisset utique,* nunc autem, quia in nomine dei vestri *baptizatus est,* vivere omnino non potuit'".[132] R. SIMEK[133] hat Zweifel daran, ob es sich wirklich um eine Wasserweihe gehandelt hat.

Einen Hinweis auf heidnisches Taufbrauchtum meint A. QUITZMANN noch in Bayern gefunden zu haben: „Von dieser Heidentaufe finden sich noch Spuren in bairischen Sagen, insofern als die Taufe entweder von Personen, welche der Hexerei verdächtig sind - sei es nun der Priester oder die Hebamme - oder wenigstens nicht im Namen Gottes, sondern des Teufels, d.h. also offenbar unter Anrufung des alten Heidengottes, vollzogen wird".[134]

Diese Bemerkung erinnert stark an den schon angesprochenen Brief von Papst Gregor III. an Bonifatius aus dem Jahr 732. Darin „ist ... die Rede davon, daß es damals in Thüringen Geistliche gab, die sowohl christliche wie heidnische Priesterdienste versahen: sie tauften diejenigen, welche es verlangten, brachten aber auch dem Wuotan Opfer ... Ebenso spricht der Papst davon, daß Heiden oft die Taufe vollzogen (Eosdemque, quos a paganis baptizatos esse asseruisti, si ita habetur, ut denuo baptizes in nomine Trinitatis, mandamus ... Nam et eos, qui se dubitant fuisse baptizatos an non, vel qui a presbitero Jovi mactanti et immolaticias carnes vescenti, ut baptizentur precipimus)"[135]. Bonifatius „holte sich wiederholt Rat in Rom, ob die Taufe gültig sei, wenn sie von einem heidnischen Priester, oder von einem, welcher Götzenopfer gegessen, vollzogen worden" war.[136] Zum Komplex vgl. auch O. HAHNE.[137]

---

[132] Nach Gregorii Turonensis Opera II, 29-31.

[133] SIMEK, Wasserweihe, S. 15f.

[134] QUITZMANN, Heidn. Religion, S. 257 mit Hinweis auf F. SCHÖNWERTH, Sitten und Sagen aus der Oberpfalz, Augsburg 1857, S. 202f.

[135] MAURER, Wasserweihe 231; vgl. auch SIMEK, Wasserweihe, S. 15.

[136] QUITZMANN, Heidn. Religion, S. 257.

[137] HAHNE, Reste heidn. Quellenverehrung.

MAURER, Wasserweihe, S. 231 sagt dazu: „Man könnte nun annehmen, daß bei den heidnischen Germanen, mit denen der Erzbischof zu tun hatte, eine der christlichen Taufe ähnliche Wasserweihe üblich gewesen wäre, und daß P. Gregor auf diese in den obigen Worten hindeute; indessen scheint mir doch diese Deutung völlig unzulässig". MAURER meint vielmehr, daß christliche Taufe vollzogen wurde, aber von Geistlichen, deren Gesinnung noch nicht einwandfrei gewesen sei.

K. SCHIER[138] schließt sich allerdings der Meinung von J. DE VRIES an: „Daß Kinder, wenn sie einen Namen erhalten, mit Wasser begossen werden, ist häufig und nicht nur in Skandinavien bezeugt. Es kann sich dabei schwerlich um eine Nachahmung der christlichen Taufe handeln, sondern muß unabhängig davon sein".

Es ist demnach die Annahme nicht ausgeschlossen, daß die Heiden selbst eine Art Taufe, eventuell verbunden mit der Namengebung, unabhängig von christlichem Einfluß, gekannt haben. Dazu nochmals A. QUITZMANN[139]: „Es erhellt sich daraus, daß bei den Baiwaren die altnordische Wasserweihe zur Aufnahme in die Familie üblich war und daß man die christliche Taufe deshalb sorgfältig von derselben zu unterscheiden suchte, um das christliche Sakrament nicht mit dem altheidnischen Gebrauche zu vermengen".

Zusammenfassend gesagt: trotz mancher offener Fragen darf man annehmen, daß Nordgermanen einen der christlichen Taufe ähnlichen, zumeist mit der Namengebung des Neugeborenen verbundenen Ritus kannten (*at ausa barn vatni*), der darin bestand, daß das Kind mit Wasser begossen wurde. Von einem Eintauchen, das K. SIMROCK zu erkennen glaubte, ist in den altnordischen Denkmälern nicht die Rede. Dagegen sprechen auch die zu Unrecht nicht beachteten kontinentalgermanischen Entsprechungen des altnordischen *ausa,* so z.B. ndt. *ösen* „schöpfen", niederländisch auch „mit Weihwasser besprengen", auf die unten (S. 90ff.) in anderem Zusammenhang zurückzukommen sein wird.

[138] Die Saga von Egil, Düsseldorf-Köln 1978, S. 293.

[139] QUITZMANN, Heidn. Religion, S. 257.

Wahrscheinlich wird man nicht mehr sicher entscheiden können, ob es sich bei der germanischen Sitte um die Übernahme christlichen Gutes (S. BUGGE u.a.) oder um einen davon unabhängigen, eigenständigen heidnischen Ritus (QUITZMANN, MÜLLENHOFF) handelt. Reste heidnischer Quellenverehrung in Norddeutschland[140] sollten bei der Beurteilung dieser Frage allerdings nicht unberücksichtigt bleiben.

Für die uns vor allem interessierende Frage, welchen Ursprungs das Wort *Ostern* ist, wird dieses Problem allerdings nicht entscheidend sein.

IV. Christliches Ostern

1. Festverlauf

Es darf nicht erwartet werden, daß an dieser Stelle eine umfassende Schilderung des für die Christen in aller Welt wichtigen Festes erfolgen wird. Uns geht es nur darum zu ergründen, *welches Ereignis der Osterfeier* auf die heidnischen Germanen einen derart nachhaltigen und starken Eindruck machen konnte, daß es vielleicht den Anlaß für die Benennung abgegeben hat. War es wirklich, wie J. Knobloch gemeint hat, der Morgen des Ostermontages, der die entscheidende Rolle gespielt hat?

Eine Durchsicht der theologischen Literatur, die hoffentlich keine wesentlichen Arbeiten übersehen hat,[141] wird uns zeigen

[140] Vgl. vor allem HAHNE, Reste heidn. Quellenverehrung im Braunschweiger Lande.

[141] Grundlegend: O. CASSEL, Art und Sinn der ältesten christlichen Osterfeier, Jahrbuch für Liturgiewissenschaft 14(1938)1-78; man vergleiche aber auch schon J.C. W. AUGUSTI, Zweiter Cyclus der heiligen Zeiten. Ostern, in: Denkwürdigkeiten, Bd. 2, S. 3-340; AUGUSTI, Archäologie der Taufe, Denkwürdigkeiten, Bd. 7, S. 4-380; C. LANGE, Die lateinischen Osterfeiern, München 1887; Th. KLAUSER, Die liturgischen Austauschbeziehungen zwischen der römischen und der fränkisch-deutschen Kirche vom achten bis zum elften Jahrhundert, Historisches Jahrbuch 53(1933)169-189; A. BAUMSTARK, Nocturna laus (hrsg. v. O. Heiming), Münster 1957.

können, daß nicht am Morgen des Ostermontags, sondern in der Nacht des Ostersonntags ein Ereignis stattfand, das für die Germanen den Anlaß zur Benennung des gesammten Festes gegeben haben dürfte. *In der Nacht wurde getauft,* denn Ostern war lange Zeit und in vielen Ländern der einzige und wichtigste Tauftermin. Einem theologischen Laien ist diese Kenntnis weithin abhanden gekommen. Wo ich auch nur fragte, entgegnete man mir sehr überrascht: „Das habe ich nicht gewußt". Es ist daher notwendig, auf diese Tatsache stärker hinzuweisen und deutlich zu machen, wie eng Ostern und Taufe zusammen gehörten.

„Ohne allen Zweifel war das Osterfest die eigentliche Hauptaufzeit. Schon das Pfingstfest trat im Vergleich damit zurück", heißt es bei J.W. H. Höfling[142] und bei J.C.W. Augusti: „Von den ältesten Zeiten her war dieser Tag die vorzüglichste Taufzeit". [143]

Bereits am Ausgang des zweiten Jahrhunderts „nennt Tertullian[144] den Tag des *Passa,* dann die Zeit des Pentekoste als die für die Taufe am besten geeigneten Daten ... Hippolyt[145] geht anscheinend von einer festeren Ordnung aus; er spricht ebenfalls von 'Passa' und setzt konkret offenbar die Osternacht voraus ... für Afrahat und Efräm ist die Ostertaufe dann ebenfalls feste Ordnung ... Als das quartadecimanische Passa durch das zuerst in Rom belegte Osterfest am Sonntag verdrängt wurde, übernahm die Ostervigil die Lesungen der Passanacht und im Laufe der Zeit ist dann ... mit dem Osternachtgottesdienst auch die Taufe verbunden worden".[146] Allgemeiner gesagt: „Die Taufmahnungen

---

[142] Das Sacrament der Taufe, nebst den anderen damit zusammenhängenden Acten der Initiation, dogmatisch, historisch, liturgisch dargestellt, Bd. 1, Erlangen 1846, S. 365 mit Hinweisen auf die Quellen.

[143] AUGUSTI, Denkwürdigkeiten, Bd. 2, 207; vgl. auch AUGUSTI, Von den Tauf-Zeiten, Denkwürdigkeiten, Bd. 7, S. 165-184.

[144] * um 160, † nach 220; nach A.J. BINTERIM, Die vorzüglichsten Denkwürdigkeiten der Christ-Katholischen Kirche, Bd. 1, Mainz 1825, S. 55 „ein bewährter Zeuge".

[145] Gestorben 235 oder 236.

[146] G. KRETSCHMAR, Die Geschichte des Taufgottesdienstes in der alten Kirche (in: Leiturgia, Bd. 5, hrsg. v. K.F. MÜLLER u. W. BLANKENBURG), Kassel 1970, S. 137 (mit Hinweisen auf die entsprechenden Quellenbelege).

seit dem vierten Jahrhundert greifen immer wieder auf die ... Symbolik der Osternacht zurück".[147]

Für einen praktizierenden Christen des 20. Jahrhunderts wird es weiter überraschend sein, daß der Gottesdienst zu Ostern seine ganz besondere, herausragende Bedeutung gehabt hat: „Der Gottesdienst in der Osternacht gilt ursprünglich als der bedeutendste des ganzen Jahres und als Herzmitte christlicher Festfeier überhaupt ... Mit diesem Gottesdienst verbinden sich dann die österlichen Taufen, die vor Beginn der Vigil oder während des Wortgottesdienstes vollzogen werden".[148] Die Verbindung mit der Taufe wird immer wichtiger: „Zu Beginn des 4. Jahrhunderts wird die Osternacht zur Haupt-Taufnacht des Jahres. Die Vorbereitungszeit auf Ostern steht nun im Zeichen der Vorbereitung auf die Taufe".[149] Es wurde auch zu anderen Zeiten getauft, „im Notfalle war es erlaubt, jederzeit und überall zu taufen", aber „die Kirche beschränkte ... die *Feierlichkeit* der Taufe auf diese Tage",[150] oder, um es mit den Worten von Tertullian zu sagen: „Den feierlichen Tag der Taufe bietet uns das Osterfest, wo auch das Leiden des Herrn, auf welchen wir getauft werden, sich erfüllt hat ... Sodann ist die Pfingstzeit für die Vornahme des Taufbades ein freudenvoller Zeitraum ... Im übrigen ist jeder Tag ein Tag des Herrn. Jede Stunde, jede Zeit ist für die Vornahme der Taufe geeignet".[151]

Für einen Gläubigen der ersten Jahrhunderte nach Christus war nicht Weihnachten das herausragende Fest: „Wenn man einen Christen im dritten Jahrhundert nach der zentralen gottesdienstlichen Handlung der Kirche gefragt hätte, dann hätte er in seiner Antwort von der Taufe, nicht von dem sonntäglichen Herrenmahl

---

[147] KRETSCHMAR, Taufgottesdienst, S. 140.

[148] K.-H. BIERITZ, in: Handbuch der Liturgik, Hrsg. v. H.-C. SCHMIDT-LAUBER u. K.-H. BIERITZ, Leipzig-Göttingen 1995, S. 475.

[149] Ebda., S. 472.

[150] BINTERIM, Denkwürdigkeiten I, S. 59.

[151] K. ALGERMISSEN, Kirchengeschichte. Von den Anfängen bis zur Gegenwart, Celle 1955, S. 28.

gesprochen".[152] Die Veränderung beschreibt J. ROLOFF mit den Worten: „War in der ältesten Kirche die Eucharistiefeier die prägende Mitte des gottesdienstlichen Lebens, so galt doch im Bewußtsein des einzelnen Christen die Taufe als der bei weitem wichtigste Gottesdienst".[153]

Allerdings darf man annehmen, daß es ursprünglich keine Taufe in der Osternacht gegeben hat. „Wann und wo jene Verbindung zuerst vollzogen wurde ..., sind Fragen, die sich jedem Versuche einer noch so vermutungsweisen Beantwortung entziehen",[154] aber diese wird bei Tertullian erwähnt und die Verbindung setzte sich so nachhaltig durch, daß „der einst sich selbst Zweck gewesene alte Nachtgottesdienst mehr und mehr zur Bedeutung einer bloßen Vorbereitung [der Taufe, J.U.] herabsinken sollte".[155]

Aus diesen Bemerkungen ergibt sich zweierlei: 1.) Ostern war das wichtigste Fest im Kirchenjahr; 2.) durch die zu Ostern durchgeführte Taufe veränderte sich der Charakter der Feier: die Taufe rückte in den Mittelpunkt.

Schon hieraus ergibt sich ein wichtiges Argument gegen die These von J. KNOBLOCH, der den Morgen des Ostersonntages als einschneidenden Zeitpunkt herausstreichen möchte. Es wird noch deutlicher, wenn man eine Bemerkung von O. CASSEL einbezieht: im 4. Jahrhundert „ist nach der Messe der Osternachtwache eine, wenn auch kurze Meßfeier am frühen Morgen des Ostersonntages hinzugekommen".[156]

Außer dieser kurzen Passage habe ich nur wenige Hinweise gefunden, die auf ein besonderes Ereignis am Ostersonntag hingewiesen hätten. Der Fehler, der vorliegt, ist ein linguistischer: es ging darum, auf Biegen und Brechen eine Verbindung mit der Morgenröte, der *Aurora,* dem *Osten* und griech. *ἠώς* herzustellen.

---

[152] KRETSCHMAR, Taufgottesdienst, S. 5.

[153] J. ROLOFF, Der Gottesdienst im Urchristentum, in: Handbuch der Liturgik, S. 61.

[154] BAUMSTARK, Nocturna Laus, S. 30.

[155] Ebda.

[156] O. CASSEL, Art u. Sinn, S. 70.

2. Taufe zu Ostern[157]

Als „Überraschung" hat es J. ROLOFF bezeichnet, „daß die Urgemeinde bereits unmittelbar nach Ostern und Pfingsten begonnen hat zu taufen".[158] Der Tauftermin lag in den frühesten Anfängen des Christentums offenbar nicht fest[159] (vgl. auch oben). Dieses und viele weitere Einzelheiten habe ich dem „profunden Werk"[160] von KRETSCHMAR[161] entnommen. Man vergleiche auch die detaillierten Ausführungen bei H.J. SPITAL[162] und auch bei A. ANGENENDT.[163]

Verfolgt man die Entwicklung des Tauftermins in der christlichen Kirche in den ersten Jahrhunderten nach Christus,[164] so zeigt sich aber schon bald, daß Ostern als wichtigstes Fest der Christenheit die Taufe fast automatisch an sich zog. Dabei mag der Satz des Paulus „die Taufe ist ein Sterben" eine Rolle gespielt haben. R. REITZENSTEIN hat daraus folgenden Schluß gezogen: „Geblieben ist dann, was aus dieser Anschauung folgt, der Ansatz des feierlichen kirchlichen Tauffestes auf den Sonnabend zu Ostern; die Taufe muß für die Christen Tod und Auferstehung bedeuten".[165]

---

157 Man vergleiche besonders KRETSCHMAR, Taufgottesdienst, S. 137-140, 268-271; A. JILEK, Die Taufe, in: Handbuch der Liturgik, S. 294-332; B. KLEINHEYER, Sakramentliche Feiern I., Regensburg 1989; J.D.C. FISHER, Christian Initiation: Baptism in the Medieval West, London 1965 und auch schon F. CORBLET, Histoire dogmatique, liturgique et archéologique du sacrement de baptême 2, Paris-Brüssel 1882.

158 ROLOFF, Gottesdienst, S. 62.

159 Man vergleiche BAUMSTARK, Nocturna Laus, S. 26-33

160 G. BARTH, Die Taufe in frühchristlicher Zeit, Neukirchen-Vluyn 1981.

161 KRETSCHMAR, Taufgottesdienst.

162 H.J. SPITAL, Der Taufritus in den deutschen Ritualien von den ersten Drucken bis zur Einführung des Rituale Romanum, Münster 1968.

163 Kaiserherrschaft und Königstaufe, Berlin-New York 1984, S. 21ff.

164 Vgl. z.B. schon F. BRENNER, Geschichtliche Darstellung der Verrichtung der Taufe von Christi bis in unsere Zeiten, Bamberg-Würzburg 1818.

165 R. REITZENSTEIN, Die Vorgeschichte der christlichen Taufe, Leipzig und Berlin 1929, S. 158.

Im folgenden gebe ich einen Überblick über die Entwicklung in der westlichen (katholischen) Kirche, deren Liturgie für die Germanenmission entscheidend war.

In der Traditio Apostolica, die spätestens ab 170 n.Chr. Gültigkeit besaß, wird der „Termin, ... daß es sich ... um die Ostervigil handelt, ... nicht ausdrücklich gesagt, von ihren Angaben insbesondere hinsichtlich des zweitägigen Fastens aber nahegelegt".[166] Die erste Erwähnung eines Tauftermins habe ich für die Zeit Tertullians gefunden: „In dieser Feier, u. zw. tief in der Nacht, weil am Abschluß der Passionsfeier (*passio adimpleta est*), wird die Taufe gespendet, die ein Untertauchen in der Passion Christi ist ...".[167] Das scheint so selbstverständlich zu sein, daß es bei Hippolyt „gar nicht eigens gesagt wird".[168]

Die Entwicklung der ersten Jahrhunderte wird in Standardwerken der Theologie etwa wie folgt dargestellt: „Noch im 2. Jh. wird die O[ster]nacht zur Taufnacht ... das 3. Jh. bringt den endgültigen Ausbau der O[ster]nacht zur jährl. Taufnacht",[169] „und zwar Ostern allein".[170] „Seit dem 2. Jh. wurde nur zweimal im Jahre, an den Vorabenden des Oster- und des Pfingstfestes getauft. Zum Andenken an diese beiden ältesten Tauftermine weiht heute noch die römisch-katholische Kirche das Taufwasser für das ganze Jahr am Sonnabend vor Ostern und Pfingsten".[171] Nach dem Schwinden der Tradition blieb somit „nur die Einsegnung des Taufwassers an diesen Tagen ... übrig".[172] Gerade aber das Wasser zeigt allerdings seit jeher eine besondere Beziehung zu Ostern bzw. bereits zu Pascha.[173]

---

[166] A. JILEK, in: Handbuch der Liturgik, S. 297.

[167] CASSEL, Art und Sinn, S. 17.

[168] Ebda., S. 23.

[169] Lexikon für Theologie und Kirche, 2. Aufl., Bd. 7, Freiburg 1962, Sp. 1278.

[170] P. DREWS, in: Realencyklopädie für protestantische Theologie und Kirche, 3. Aufl., Bd. 19, Leipzig 1907, S. 444.

[171] Lexikon für Theologie und Kirche, 2. Aufl., Bd. 7, Freiburg 1962, Sp. 1356.

[172] BINTERIM, Denkwürdigkeiten I, S. 60.

[173] CASSEL, Art und Sinn, S. 17.

Abweichungen in Spanien[174] und die Reaktion in Rom zeigen besonders deutlich, was in der christlichen Kirche üblich war. Im Jahre 385 schärft Bischof Siricius den Spaniern ein, „von den festen Taufzeiten an Ostern und Pfingsten ... nicht abzuweichen“.[175] J. JEREMIAS schließt daraus,[176] „daß es alter römischer Brauch war, Erwachsene nur zu Ostern und in der Freudenzeit bis Pfingsten zu taufen“.

Zu weiteren Einzelheiten vergleiche man P. DREWS,[177] B. KLEINHEYER,[178] J. KRINKE,[179] A. STENZEL[180] und J.D.C. FISHER.[181] „Zu den berichtenswerten Einzelzügen“ zählt nach B. KLEINHEYER[182] sicher „die Bemühung um die erneute Aufwertung der Ostervigil als des vornehmsten Tauftermins. Can. 2 der 17. Synode von Toledo a. 694 ... bestimmte, daß während der Quadragese das Baptisterium geschlossen zu halten, ja, zu versiegeln sei - bis zur Tauffeier am ursprünglichen Tauftermin, an Ostern“.[183] Ganz allgemein darf man sagen, daß der gallisch-spanische Brauch, auch an anderen hohen Feiertagen zu taufen (Chlodwig wurde zu Weihnachten getauft), von Rom aus bekämpft wurde“.[184]

---

[174] Vgl. P. GLAUE, Zur Geschichte der Taufe in Spanien, T. 1-3, Heidelberg 1913-1927; T.C. AKELEY, Christian initiation in Spain c. 300-1100, London 1967.

[175] KRETSCHMAR, Taufgottesdienst, S. 251.

[176] JEREMIAS, Kindertaufe, S. 87.

[177] In: Realencyklopädie für protestantische Theologie und Kirche, 3. Aufl., Bd. 19, Leipzig 1907, S. 436f.

[178] KLEINHEYER, Sakramentliche Feiern I, S. 99f. (mit Lit.).

[179] Der spanische Taufritus im frühen Mittelalter, in: Gesammelte Aufsätze zur Kulturgeschichte Spaniens, IX (= Spanische Forschungen der Görresgesellschaft I 9), Münster 1954, S. 33-116, vor allem S. 96f.

[180] Die Taufe, eine genetische Erklärung der Taufliturgie, Innsbruck 1958, S. 186-197.

[181] FISHER, Christian Initiation, S. 88ff.

[182] KLEINHEYER, Sakramentliche Feiern, S. 99.

[183] Vgl. J. QUASTEN, Die Versiegelung des Baptisteriums nach Ildefons von Toledo, Historisches Jahrbuch der Görres-Gesellschaft 77(1958)167-173; vgl. auch GLAUE, Geschichte der Taufe II, S. 31f.

[184] H. v. SCHUBERT, Geschichte der christlichen Kirche im Frühmittelalter, Tübingen 1921, S. 649.

„Auch Kan. 7 der Synode von Rom (402) bestätigt die Ostertaufe als das Normale für Rom und Gallien ..., Egeria ... für Jerusalem und Spanien".[185] In dieser Zeit und auch noch etwas später gab es sogar einige Provinzen, die ausschließlich Ostern als Taufzeit kannten. Nach P. DREWS[186] sind es Ostsyrien, Westsyrien, Thessalien[187] und Gallien (Konzile von Mâcon 585 und Auxerre 585 oder 578), was angesichts der Missionierung der Germanen in England und Deutschland für unsere Frage von besonderer Wichtigkeit ist.

Von den Veränderungen der Konstantinischen Wende war der Termin kaum berührt: „Einhellig ist die Ostervigil als Normaltermin für die Initiationsliturgie bezeugt, letztere somit im Regelfall immer noch Feier der ganzen Kirche ... Ausnahmen gibt es."[188] Allerdings brachte der „im Vergleich zur vornizänischen Zeit große Andrang zur Taufe ... gerade in den Städten ... Verlegenheiten mit sich. In der Osternacht mußten Gemeindevigil und Taufe zeitlich und räumlich aufeinander abgestimmt werden".[189]

Daß nicht an jedem Sonntag und zu jeder Zeit getauft werden konnte, ergibt sich auch aus dem Termin für die Anmeldung zur Taufe. G. KRETSCHMAR[190] sagt dazu: „Der normale Termin für die Taufanmeldung ist im vierten und fünften Jahrhundert der Beginn der Fasten ... Später rückte dieser Termin näher an Ostern heran."[191] Ausführlichere Darstellungen finden sich bei G. KRETSCHMAR und B. KLEINHEYER.[192] Zur Zeit Augustins betrug die Frist

---

[185] JEREMIAS, Kindertaufe, S. 87 (mit weiteren Einzelbelegen für die Übertrittstaufe zu Ostern).

[186] In: Realencyklopädie für protestantische Theologie und Kirche (wie oben), S. 444.

[187] „Nach dem Berichte des Sokrates Hist. eccl. lib. V, c. 21, war in Thessalien nur das Osterfest allein zur feierlichen Taufe bestimmt" (BINTERIM, Denkwürdigkeiten I, S. 55). Es kam dort sogar vor, daß dort Menschen starben, ohne getauft zu sein (BRENNER, Geschichtliche Darstellung, S. 255).

[188] A. JILEK, in: Handbuch der Liturgik, S. 303.

[189] KRETSCHMAR, Taufgottesdienst, S. 265.

[190] Ebda., S. 153 und 153f.

[191] Ebda.

[192] KLEINHEYER, Sakramentliche Feiern I, S. 68.

etwa 40 Tage, wobei eine intensive Unterweisung „an den Sonntagen der Vorbereitungszeit“ erfolgte.[193] Zum Katechumenat s. unten S. 55ff.

Vom Ausgang des 5. Jahrhunderts liegt uns eine nicht sehr genaue Beschreibung des römischen Taufritus vor. G. KRETSCHMAR vermutet,[194] daß der Autor, ein Diakon Johannes, bei der Ostertaufe assistiert haben könnte. Von Papst Leo I. wurde in der Mitte des 5. Jahrhunderts festgelegt, daß die feierliche Taufe der Neubekehrten „vorzugsweise zu Ostern, daneben auch zu Pfingsten“ stattzufinden habe.[195] Man darf sogar sagen, daß „noch Leo d. Gr. strikt an Ostern bzw. der Pentekoste als Tauftermin festhält“.[196] Er „beruft sich in Ansehung der Ostertaufe ausdrücklich auf die aus dem apostolischen Zeitalter abstammende Gewohnheit“.[197] Aus dem 6. Jahrhundert liegt eine Beschreibung aus Rom vor: „In der Lateran-Kirche zog der Bischof nach den Lesungen und Gebeten der Ostervigil in großer Prozession ... zum Baptisterium, ... dann beginnt die Taufe mit der Wasserweihe“.[198] „Das Konzil von Gerona (517) hielt ... noch an Ostern und Pfingsten als den rechtmäßigen Taufterminen fest, das zweite Konzil von Braga (561), das zudem „für die suevisch-galläzische Kirchenprovinz den römischen Ritus als vorbildlich erklärt“,[199] hatte 20 Tage vor Ostern als die Zeit bestimmt, in der den Katechumenen das Credo erklärt werden sollte ...“.[200]

Abweichungen sind im 6. Jahrhundert erkennbar: „Die Anordnung des Materials im Bereich der Rüstzeit auf Ostern wie auch

---

193 Ebda.

194 A.a.O., S. 251.

195 KNOBLOCH, Ursprung, S. 40f.

196 STENZEL, Taufe, S. 182.

197 AUGUSTI, Archäologie der Taufe, Denkwürdigkeiten, Bd. 7, S. 168f. mit Wiedergabe des Textes und Hinweise auf andere Autoren, „woraus die Allgemeinheit der Vorstellung, das Ostern die vorzüglichse Taufzeit sei, erhellet“.

198 KRETSCHMAR, Taufgottesdienst, S. 258.

199 P. DREWS, in: Realencyklopädie für protestantische Theologie und Kirche (wie oben), S. 436.

200 L. KILGER, in: Benedictus. Der Vater des Abendlandes, 547 -1947, München 1947, S. 505.

die einschlägigen Formularüberschriften ... lassen erkennen, daß man noch mit dem ursprünglichen Ansatz der Tauffeier an Ostern und mit entsprechender Vorbereitung in der Quadragese vertraut ist. Doch war es kaum mehr die Praxis, wie einige synodale Bestimmungen zeigen. So fordern z.B. die 2. Synode von Mâcon (585) ..., gesunde Kinder an Ostern zu taufen ..., die Synode von Auxerre (zw. 561-605) ... setzt gar Strafen fest für diejenigen, die anders verfahren - solche muß es also gegeben haben!".[201]

Man darf dabei natürlich nicht vergessen, daß sich in den Ländern des Mittelmeers das Christentum bereits so verbreitet hatte, daß die Kindertaufe zunahm und christliche Eltern danach strebten, ihre Nachkommen möglichst frühzeitig in den Schoß der Kirche aufnehmen zu lassen. Bei der uns für die heidnischen Germanenstämme interessierenden Frage nach einem Zusammenhang zwischen Taufe und Ostern geht es aber in erster Linie um die Taufe von Erwachsenen; und da dürfte - wie wir aus Terminvorgaben für die Angelsachsen und Franken noch sehen werden - das Osterfest, vor allem durch den Einfluß der römischen Päpste und ihres Hinweises auf die alte Ordnung, nach wie vor der entscheidende Termin gewesen sein.[202] Dabei ist das starre Festhalten an einem bestimmten Tauftermin gerade bei einer jungen, missionierenden Kirche ungewöhnlich, wie R. REITZENSTEIN betont hat: „... ist es nicht überhaupt seltsam, daß eine Missionskirche, die von Anfang an jeden Tag für geeignet zur Taufe hinstellen mußte, doch in allen ihren Teilen einen bestimmten Tauffeiertag festsetzte?"[203]

Aber dessen ungeachtet hielt man daran fest. So ist für die Langobarden Ostern *der* Tauftermin gewesen[204]. Dieses erhellt folgende Passage: „Die Katholisierung des Volkes nahm damals sol-

---

[201] KLEINHEYER, Sakramentliche Feiern I, S. 101.

[202] Daß sich der Einfluß Roms auch durchsetzte, wird u.a. aus TUSCHEN, Taufe, S. 35 deutlich. So wirkte dieses selbst bis zur Ritterweihe im alten Frankreich nach, denn als „Tag dieser Feier wurde oft, wie für die Taufe, Ostern oder Pfingsten gewählt".

[203] R. REITZENSTEIN, Die Vorgeschichte der christlichen Taufe, Leipzig und Berlin 1929, S. 167.

[204] Vgl. C. BLASEL, Der Übertritt der Langobarden zum Christentum, Archiv für katholisches Kirchenrecht 83(1903)577-619.

chen Umfang an, daß [der Arianer] *Authari* zum Osterfest, dem herkömmlichen Tauftag, das Verbot erließ, 'Söhne von Langobarden im katholischen Glauben zu taufen'".[205] Dazu schrieb Papst Gregor drei Jahre später:[206] „der verwünschte ... *Autharith* [hat] am letzten Osterfest ... verboten ..., die Kinder der Langobarden katholisch zu taufen - und deswegen hat ihn die göttliche Majestät weggerafft ..., damit er das neue Osterfest ... nicht mehr erlebt".

Die Unmöglichkeit, zu Ostern taufen zu können, führte im Zusammenhang mit wirtschaftlichen und rechtlichen Problemen sogar zu kriegerischen Auseinandersetzungen. Das zeigt eine bei Prokop und Eutrop notierte Episode aus der Zeit der Niederwerfung des Wandalenreiches. Dazu wurden ostgotische Söldner angeworben. Diese forderten 536 „im Verein mit den überlebenden wandalischen Priestern ... für sich Kirchen, und die Erregung erreichte ihren Höhepunkt, als sie zur Osterzeit keine Möglichkeit sahen, ihre Kinder arianisch taufen zu lassen".[207]

Auch ist zu bedenken, daß die großen Zentren wie Mailand und Rom nur bedingt das Bild vom einfachen Volk auf dem Land und dessen christlichen Sitten und Gebräuche widerspiegeln.[208] Der folgende Gedanke von B. KLEINHEYER ist deshalb meines Erachtens besonders wichtig: „Es ist leicht einsichtig, daß die vielen kleineren Taufstätten im Hinterland, wohin das Christentum später vordringt, in ihrer Gesamtheit über den Verlauf altchristlicher Tauffeiern mehr aussagen als einzelne repräsentative Bauten in Metropolen, die womöglich aus der Zeit stammen, in der die Erwachsenentaufe in Baptisterien nicht mehr sonderlich akut war".[209]

---

[205] Die Ostgermanen und der Arianismus, Leipzig-Berlin 1939, S. 203.

[206] P. SCARDIGLI, in: Germanische Religionsgeschichte. Quellen und Quellenprobleme, hrsg.v. H. Beck u.a., Berlin - New York 1992, S. 430.

[207] H.E. GIESECKE, Die Ostgermanen und der Arianismus, Leipzig-Berlin 1939, S. 133.

[208] Man vergleiche dazu und zu den Bestimmungen über den Ort der Taufspendung in der Mailänder Kirchenprovinz FÄRBER, Ort der Taufspendung.

[209] Ebda., S. 59.

Man muß diese Bemerkung vor allem deshalb ernst nehmen, weil bei den ersten Begegnungen von christlichen Missionaren und heidnischen Germanen natürlich kein Baptisterium zur Verfügung stand, sondern sehr viel einfacher, primitiver getauft wurde. Erst später und bei der Taufe von Angehörigen höherer Stände nahm dann auch der Prunk und die Ausstattung der Taufstätten, so z.B. durch Taufkirchen, zu.

Verfolgen wir die weitere Entwicklung des Tauftermins, so weit er uns aus den Quellen ersichtlich ist. „Das Gelasianum[210] setzt auch für die Taufkirchen Roms ... voraus, daß ein Bischof in der Osternacht anwesend ist ...".[211] Dieser Taufordo „gehört der Zeit von 550-650 an, was aber nicht heißen will, daß er nicht ältere Elemente in sich aufnahm. Er ist für die Kindertaufe zurechtgeschnitten".[212] Sowohl aus Ölweihe wie aus der vorbereitenden Reinigung geht hervor, daß zu Ostern getauft wurde. KRETSCHMAR notiert: „Fester Termin für die Ölweihe wird im Osten schließlich der Gründonnerstag, im Westen teilweise derselbe Tag ..."[213], J. ZELLINGER betont: „Der normale Tauftermin war die Osternacht, für die vorbereitende körperliche Reinigung wurde der Gründonnerstag festgesetzt ... Der klassische Zeuge für dieses Donnerstagsbad ist Augustin".[214]

Auf den Taufordo dieser Zeit stützen sich auch die Benediktiner, deren Wirken bei der Christianisierung Mitteleuropas hier nicht zu untersuchen ist. Für unsere Frage vergleiche man die Darstellung von L. KILGER.[215]

Die Kindertaufe wurde erst langsam die Regel, auch im 6. Jahrhundert ist sie in Rom noch keineswegs die Normalität.[216] In der

[210] Zu diesem und weiternen Taufriten vgl. SPITAL, Taufritus.

[211] KRETSCHMAR, Taufgottesdienst, S. 263.

[212] G. HÜRLIMANN, Das Rheinauer Rituale (Zürich Rh 114, Anfang 12. Jh.), Freiburg/Schweiz 1959, S. 36.

[213] KRETSCHMAR, Taufgottesdienst, S. 266.

[214] J. ZELLINGER, Bad und Bäder in der altchristlichen Kirche, München 1928, S. 30.

[215] Die Taufvorbereitung in der frühmittelalterlichen Benediktinermission, in: Benedictus. Der Vater des Abendlandes, 547 - 1947, München 1947, S. 505-521.

[216] KRETSCHMAR, Taufgottesdienst, S. 305.

Mitte des 6. Jahrhunderts ist eindeutig Ostern der Tauftermin, denn die Anmeldung erfolgte am Mittwoch nach Okuli.[217] Im gleichen Zeitraum hatten sich in Gallien[218] Abweichungen eingeschlichen, „trotz aller Versuche, am Ostertermin festzuhalten".[219] Aber nach B. KLEINHEYER[220] gehört die Bemühung, „Ostern als wichtigsten Tauftermin zurückzugewinnen ..., zu den bemerkenswerten Einzelheiten". Das korrespondiert mit der Beobachtung von P. DREWS,[221] wonach „diese Kirchenprovinz dem römischen Brauch den altspanischen geopfert" hat. Wahrscheinlich erreichte Rom damit wieder eine gewisse Rückkehr zu dem ererbten Tauftermin, was für die Christianisierung der Franken und ihrer Taufe und ihre Weitergabe des Ritus an Sachsen und andere germanische Stämme von Bedeutung gewesen sein wird.

Die Tendenz setzt sich um 600 unter Gregor dem Großen, der ein Sakramentar für den päpstlichen Stationsgottesdienst verfaßte, fort. Diese „lateinischen Sakramentare [sind] nach dem Lauf des Kirchenjahres gegliedert und fügen deshalb die Taufordnung an der ihr zeitlich zukommenden Stelle ein, in der Osternacht ..., in Rom auch in der Pfingstvigil".[222] Die Taufanmeldung rückte immer näher an Ostern heran, im 5. Jahrhundert war es der Sonntag Okuli.[223] Am Sonnabend vor Ostern fand die feierliche redditio des Effata, einer Ohren- und Brustsalbung, statt,[224] danach „werden die Täuflinge bis zur Ostervigil entlassen".[225]

„Das alles beweist, daß Ostern der älteste Tauftermin war. Daß man überhaupt die Taufen auf einen Termin zusammenlegte, war

---

[217] KRETSCHMAR, Taufgottesdienst, S. 256.

[218] Zur Taufe in Gallien vgl. auch P. DREWS, in: Realencyklopädie für protestantische Theologie und Kirche (wie oben), S. 437f.

[219] KRETSCHMAR, Taufgottesdienst, S. 306.

[220] KLEINHEYER, Sakramentliche Feiern I, S. 100.

[221] In: Realencyklopädie für protestantische Theologie und Kirche (wie oben), S. 437.

[222] KRETSCHMAR, Taufgottesdienst, S. 252 nach dem „Gelasianum Vetus, cod. Vat., Reg. lat. 316, V I, XLIV (443), 444-452; Gregorianum-Hadrianum 85-86".

[223] KRETSCHMAR, Taufgottesdienst, S. 254.

[224] Ebda.

[225] Ebda., S. 255.

die notwendige Folge der großen Anzahl von Täuflingen, die sich herzufand, und der Katechumenatspraxis, die auf einen Abschluß des gemeinsamen Unterrichts auch in einer gemeinsamen Tauffeier hindrängte".[226] Daher schließen sich eigentlich nach einem Wort von R. REITZENSTEIN „diese drei Tauffeste [Ostern, Pfingsten, Weihnachten, J.U.] ihrem Wesen nach untereinander aus".[227]

Eine knappe, aber genaue Auflistung der Bestandteile des Taufritus am Ende des 7. Jahrhunderts hat A. ANGENENDT vorgelegt[228]. Zum Tauftermin heißt es kurz und bündig:[229] „Vigilia Paschalis: Termin: Osternacht". Das 8. Jahrhundert zeigt wenig Veränderungen, was vielleicht auch quellenbedingt ist. G. KRETSCHMAR[230] weist an einer Stelle auf diese Zeit hin: „Bereits einige der neuredigierten Junggelasiana enthielten nicht nur die Gebete und Rubriken ... der Taufe ... im Zusammenhang mit der Fastenzeit wie der Oster- und Pfingstvigil ...".[231] Die Bestimmungen galten z.T. noch recht lange: „Streng hielt man auf diese Zeitbestimmung, welche durch das öffentliche Ansehen, durch das heil. Altertum und durch mehrere Verordnungen der Synoden gesetzlich geworden war und sich unverändert bis zu neunten Jahrhundert erhalten hat, ja sogar noch im eilften und zwölften Jahrhundert in einigen Kirchen fortdauerte".[232]

Eine besondere Bedeutung kommt natürlich der angelsächsischen Mission in Deutschland zu. Das Wirken von Bonifatius ist in so vielfältiger Hinsicht untersucht worden, daß hier nur wenige Arbeiten genannt werden können.[233] Für die Frage des Verhältnisses von Ostern und Taufe habe ich u.a. dankbar die Arbeiten von

---

[226] P. DREWS, in: Realencyklopädie für protestantische Theologie und Kirche (wie oben), S. 444.

[227] REITZENSTEIN, Vorgeschichte, S. 166.

[228] Der Taufritus im frühen Mittelalter, Settimane di studio del centro italiano di studi sull'alto medioevo 33(1982), T. 1, S. 275-321.

[229] ANGENENDT, Taufritus, S. 278.

[230] KRETSCHMAR, Taufgottesdienst, S. 315.

[231] Ebda.

[232] BINTERIM, Denkwürdigkeiten I, S. 55f.

[233] Vgl. etwa TH. SCHIEFFER, Winfried-Bonifatius und die christliche Grundlegung Europas, Freiburg 1954.

H. LAU,[234] F. FLASKAMP,[235] A. ANGENENDT,[236] H. FRANCK,[237] S. DELL[238] und anderen[239] benutzt. Zur vorbonifatianischen Mission vergleiche M. WERNER und die dort genannte Literatur.[240]

Im Jahr 716 fordert Papst Gregor II. von seinem Legaten Martinian nachdrücklich das Festhalten an den alten Taufzeiten.[241] Wenig später betont Papst Gregor II. in seinem bekannten Schreiben vom 15. Mai 719 an Bonifatius: Das hochheilige Sakrament der Taufe soll nur an Ostern und Pfingsten gespendet werden. Ausnahmen in Todesgefahr seien erlaubt.[242] Das Originalzitat lautet: *Sacrosancti autem baptismi sacramentum non nisi in paschali festivitate et pentecosten noverit esse praebendum.*[243] F. FLASKAMP führte dazu weiter aus: „Taufzeiten der römischen Kirche waren, von Notspendungen abgesehen, Ostern u. Pfingsten ... Auf den römischen Taufbrauch aber hatte der Papst ... seinen germani-

---

[234] Die angelsächsische Missionsweise im Zeitalter des Bonifaz, Theol. Diss. Kiel 1909.

[235] Zur Hessenbekehrung des Bonifatius, Zeitschrift für Missionswissenschaft 13 (1923)135-152; Die Missionsmethode des hl. Bonifatius, Zeitschrift für Missionswissenschaft 15(1925)18-49, 85-100.

[236] A. ANGENENDT, Bonifatius und das Sacramentum initiationis, Römische Quartalsschrift für christliche Altertumskunde und Kirchengeschichte 72(1977)133-183.

[237] H. FRANCK, Die Briefe des heiligen Bonifatius und das von ihm benutzte Sakramentar, in: Sankt Bonifatius. Gedenkgabe zum zwölfhundertsten Todestag, Fulda 1954, S. 58-88.

[238] Die Germanen im Urteil des Bonifatius und in ihrer Wirkung auf seine Missionspraxis, Diss. Heidelberg 1939.

[239] J. SCHMIDLIN, Die frühmittelalterliche Missionsmethode, Zeitschrift für Missionswissenschaft 7(1917)177-187; P. W. FINSTERWALDER, Wege und Ziele der irischen und angelsächsischen Mission im fränkischen Reich, Zeitschrift für Kirchengeschichte 47(1928)203-226.

[240] M. WERNER, Iren und Angelsachsen in Mitteldeutschland, in: H. LÖWE (Hrsg.), Die Iren und Europa im früheren Mittelalter, Stuttgart 1982, S. 239-318. Vgl. auch K. SCHÄFERDIEK, Germanenmission, in: Reallexikon für Antike und Christentum, Bd. 10, Stuttgart 1978, S. 493-548 und G. HAENDLER, Geschichte des Frühmittelalters und der Germanenmission, 2. Aufl., Göttingen 1976.

[241] H. MAYER, Zeitschrift für katholische Theologie 38(1914)3.

[242] KILGER, Taufvorbereitung, S. 509.

[243] ANGENENDT, Taufritus, S. 287.

schen Sendboten verpflichtet ... *Disciplinam denique sacramenti* ...".[244] Bonifatius wird den Brauch „in den Anfängen streng beobachtet haben."[245]

Wie oben schon ausgeführt wurde, waren nur wenige Tauftermine im Jahr vorgesehen. Die folgende Bemerkung zeigt, daß es noch im 8. Jahrhundert nur einer gewesen sein kann: „Die Bestimmungen der ungefähr aus den Jahren 775-77 stammenden *Capitula de partibus Saxoniae* [gebieten] ... bei hoher Geldbuße ..., daß jedes Kind binnen eines Jahres zur Taufe gebracht werde, soweit nicht der Priester ausdrücklich ein Anderes gestattet (cap. 19) ...".[246]

Im 8. Jahrhundert wirkte Bonifatius[247] und am Ende des Jahrhunderts wird der Einfluß des Fränkischen Reiches und Karls des Großen für die Mission der deutschen Stämme immer stärker[248]. Allerdings läßt sich aus den Quellen nur wenig für den Ablauf der Taufe und deren Termin entnehmen. Immerhin steht Ostern erneut im Zentrum, denn das „von Karl dem Großen in Rom erbetene ‚unvermischte Sakramentar' enthielt nur zwei relativ kurze Taufformulare, das erste für die Osterliturgie und das zweite für die Taufe eines Kranken".[249] Im Zusammenhang damit betont G. KRETSCHMAR,[250] daß das von Papst Hadrian an König Karl übersandte Sakramentar Formulare für die solenne Ostertaufe enthielt.[251] Auf das Rundschreiben Karls des Großen, in dem nach

---

[244] FLASKAMP, Hessenbekehrung, S. 149. Vgl. auch HAUCK, Kirchengeschichte, S. 427 und LAU, Missionsweise.

[245] FLASKAMP, Missionsmethode, S. 85.

[246] MAURER, Wasserweihe 226.

[247] Zu diesem und anderen Missionaren vgl. W. KONEN, Die Heidenpredigt in der Germanenbekehrung, Diss. Phil. Bonn, Düsseldorf 1909; H. LÖWE, *Pirmin, Willibrod* und *Bonifatius*. Ihre Bedeutung für die Missionsgeschichte ihrer Zeit, in: La conversione al cristianesimo nell'Europa dell'Alto medioevo (= Settimane di studio del centro italiano di studi sull'alto medioevo 14), Spoleto 1967, S. 217-261.

[248] Vgl. auch F. FLASKAMP, Die Anfänge friesischen und sächsischen Christentums, Hildesheim 1929.

[249] ANGENENDT, Taufritus, S. 283.

[250] KRETSCHMAR, Taufgottesdienst, S. 318.

[251] Man vergleiche dazu auch ANGENENDT, Taufritus, S. 284f.

der jeweiligen Taufpraxis gefragt wurde, gehe ich hier nicht weiter ein.[252]

Nach G. HÜRLIMANN[253] bieten „die meisten liturgischen Quellen des Mittelalters ... verschiedene Formulare für die Spendung der Taufe. Ein erstes ist für die feierliche Taufe an Ostern bestimmt und die andern betreffen die Taufe bei andern Gelegenheiten“. Auch hier zeigt sich die besondere Stellung Osterns, und dieses ist angesichts der Missionierung der Sachsen von nicht zu unterschätzender Bedeutung für unsere Frage.

Weitere Belege erhärten diese These. Im Jahr 796 bekennt sich „die Bischofskonferenz ... zu den kanonischen Taufzeiten Ostern und Pfingsten“.[254] Ostern als Tauftermin wird im 8. Jahrhundert durch die Chisna-Weihe am Gründonnerstag[255] ebenfalls vorausgesetzt.

Zur Stellung der Taufe im Frankenreich und für die daraus resultierende Missionierung der heidnischen Sachsen[256] und Germanenstämme ist von Bedeutung, daß mit den Worten von B. KLEINHEYER „in den beschreibenden Quellen aus karolingischer Zeit ... die Tauffeier als eine eigenständige Größe vorgeführt [wird]“.[257] B. KLEINHEYER setzt noch knapp hinzu: Tauftermin ist Ostern, gelegentlich Pfingsten. Es scheint sich aus diesen Hinweisen zu ergeben, daß es Rom gelungen ist, den sich auflösenden Tauftermin wieder auf Ostern zurückzuführen. Zum Taufgebrauch im Frankenreich vergleiche man auch die umfassende Darstellung von A. STENZEL.[258]

Gregor von Tours berichtet des öfteren von Ostertaufen. So werden gegen Ende des 6. Jahrhunderts zahlreiche Christen und

---

252 Man vergleiche z.B. F. WIEGAND, Odilbert von Mailand über die Taufe, Nachdruck Aalen 1952, S. 1-10.

253 HÜRLIMANN, Rituale, S. 36.

254 KILGER, Taufvorbereitung, S. 517.

255 A. ANGENENDT, Römische Quartalsschrift für christliche Altertumskunde und Kirchengeschichte 72(1977), S. 141.

256 Allgemein zur Missionierung: W. LAMMERS, Formen der Mission bei Sachsen, Schweden und Abotriten, Bätter für deutsche Landesgeschichte 106(1970)23-46.

257 KLEINHEYER, Sakramentliche Feiern I, S. 115.

258 STENZEL, Taufe, S. 243ff.

ein Jude in Clermont getauft;[259] König Chilperich läßt seinen Sohn zu Ostern 583 in Paris taufen;[260] während großer Unruhen in Poitiers wendet sich ein Bischof an den König mit der Drohung, er „werde ... das Osterfest des Herrn nicht feiern und kein Katechumene wird in dieser Stadt die Taufe erhalten";[261] als sich gegen Ende der Unruhen das Osterfest nähert, bietet der Bischof für eine Gefangene ein Lösegeld, „damit sie mindestens der Taufe beiwohnen könne".[262]

Auch unter Karl dem Großen muß anfangs Ostern als Tauftermin gegolten haben, denn anders ist die Bestimmung des Kaisers, in der dieser „sofort nach Unterwerfung der Sachsen befahl, alle Kinder innerhalb Jahresfrist zur Taufe zu bringen, bei schwerer Strafe",[263] nicht zu verstehen.[264]

Aus dem Jahre 823 liegen weitere Angaben vor. Eine Synode in Mainz erläuterte den römischen Taufgebrauch und daraus geht hervor, daß nur die Tauftermine zu Ostern und Pfingsten der Tradition entsprechen.[265] Das trifft sich mit allgemeinen Angaben zum Frühmittelalter, indem es bei H. v. SCHUBERT zu den Taufterminen heißt:[266] „... so galten seit alters als die beiden *legitima tempora, in quibus universaliter sanctum tribuitur baptismum* Ostern und Pfingsten, vorzüglich wieder das erste ...". Dem entspricht die von A. STENZEL durchgeführte Sichtung der Belege aus E. MARTÈNE[267]: der Großteil der dort „gebotenen Ordines [rechnet] ... mit Ostern als dem - zwar seit langem nicht mehr ausschließlichen, aber doch immer noch - feierlichen Tauftermin".[268]

---

[259] Historiarum libri decem (= Ausgewählte Quellen zur deutschen Geschichte des Mittelalters, Bd. II), Darmstadt 1970, S. 295ff.

[260] Ebda., S. 47.

[261] Ebda., 360f.

[262] Ebda., S. 370f.

[263] v. SCHUBERT, Geschichte d. christl. Kirche, S. 675.

[264] Vgl. dazu H. MAYER, Zeitschrift für katholische Theologie 37(1913)793f.

[265] KRETSCHMAR, Taufgottesdienst, S. 323; STENZEL, Taufe, S. 244.

[266] v. SCHUBERT, Geschichte d. christl. Kirche, S. 649.

[267] De antiquis Ecclesiae ritibus, 4 Bde., Antwerpen 1736-38.

[268] STENZEL, Taufe, S. 245.

Man vergleiche dazu auch die Bemerkungen von B. KLEINHEYER über die Taufe im Frühmittelalter.[269]

Die weitere Entwicklung soll, da sie für die Frage nach dem Zusammenhang von Ostern, Taufe und Germanenmission nicht mehr von entscheidender Bedeutung ist, nur in wenigen Zeugnissen dargestellt werden. Bedeutsam ist H. MAYERs Feststellung, daß man „selbst unter erschwerten Umständen, in der Avarenmission ... an den beiden Tauftagen fest[hielt]“.[270]

Auch daraus wird wieder deutlich, daß man zäh am Tauftermin zu Ostern festzuhalten bereit war. Das zwischen 950 und 963 bei Mainz zusammengestellte römisch-deutsche Pontifikale, das „in vielen seinen Ordnungen die Spuren der Begegnung des Evangeliums mit der germanischen Welt im frühen Mittelalter“ trägt,[271] „enthält auch ein Formular für die Kathedraltaufe in der Osternacht ...“,[272] aus der unter anderem deutlich wird, daß der Bischof „an der solennen Ostertaufe in der Kathedralkirche ... zeremoniell noch mit[wirkt] ...“.[273]

Für die altfranzösische Zeit betont A. TUSCHEN:[274] „Der bevorzugte Zeitpunkt für die Taufe war schon in der alten Kirche besonders Ostern ... In den *Miracles de Ste. Geneviève* wird uns Ostern als Tauftag genannt“, und: „die Liturgiker überliefern in Frankreich als feierliche Tauftage Ostern und Pfingsten bis in das 13.Jh.“. Ähnliches gilt für den Oberrhein: dort war es noch im 12. Jh. üblich, „an Ostern - Ostern und Pfingsten sind die altrömischen Taufrituale - Kinder zu taufen und sie sofort - sofern ein Bischof zugegen war - zu firmen.“[275]

Für die entscheidende Zeit der Mission der deutschen Heiden darf man festhalten, daß einmal im Jahr getauft wurde: zu Ostern. Das trifft sich mit einer damals schon fast untergegangenen Einrichtung, dem Katechumenat. Aus diesem geht sehr deutlich her-

---

269 B. KLEINHEYER, Sakramentliche Feiern I, S. 98-121.

270 H. MAYER, Zeitschrift für katholische Theologie 38(1914)4.

271 KRETSCHMAR, Taufgottesdienst, S. 334.

272 Ebda., S. 333.

273 Ebda., S. 302.

274 TUSCHEN, Taufe, S. 46 und 46f.

275 HÜRLIMANN, Rituale, S. 35.

vor, daß es in den ersten Jahrhunderten nach Christus gar nicht möglich war, zu jeder Zeit zu taufen. Einige Bemerkungen zu dieser christlichen Sitte sollen das unterstreichen.

3. Katechumenat

Neben der christlichen Unterrichtung getaufter Kinder (*Katechese*) war in den ersten Jahrhunderten der Kirche natürlich auch eine Unterweisung nichtgetaufter Heiden notwendig. Diese *Katechumenen* sollten in der Regel drei Jahre „das Wort der Unterweisung hören", geprüft wurde auch ihr Lebenswandel.[276] Das war vor dem Konzil von Nicaea fast noch die Regel.[277] Die Namen wurden in das Taufregister eingetragen, was später ebenso illusorisch wurde[278] wie die lange Vorbereitungszeit. Man darf sich vorstellen, daß davon im Laufe der Zeit Abstand genommen wurde.[279]

Durch diese Einrichtung bedingt konnten natürlich nur wenige Termine im Jahr Tauftage werden,[280] da allein schon die Vorbereitung dafür mehrere Wochen in Anspruch nahm.[281] Wichtig ist, daß sich aus der Prozedur heraus ein Tauftermin errechnen läßt: „Der eigentliche Tauftermin ist in den ersten Jahrhunderten der Reichskirche weiterhin die Osternacht. Auf dieses Datum ist die Katechumenatsordnung ausgerichtet ...".[282]

Seit der „großen Wende unter Konstantin [hatte] das Katechumenat ... seine Bedeutung verloren".[283] In der Folgezeit wurden die Täuflinge „über die Ordnung der Taufe [etc.] ... erst spät un-

---

[276] KLEINHEYER, Sakramentliche Feiern I, S. 42ff.

[277] STENZEL, Taufe, S. 61; KLEINHEYER, Sakramentliche Feiern I, S. 40.

[278] STENZEL, Taufe, S. 133.

[279] Eine zusammmenfassende Darstellung etwa in Lexikon für Theologie und Kirche, 2. Aufl., Bd. 6, Freiburg 1961, Sp. 51ff.

[280] Dazu ausführlich KRETSCHMAR, Taufgottesdienst, S. 63ff.

[281] Man vergleiche JILEK, in: Handbuch der Liturgik, S. 295ff.

[282] KRETSCHMAR, Taufgottesdienst, S. 268. Vgl. auch F. COHRS, Katechumenat, in: Realencyklopädie für protestantische Theologie und Kirche, 3. Aufl., Bd. 10, Leipzig 1901, S. 173-179.

[283] HÜRLIMANN, Rituale, S. 36 mit Hinweis auf STENZEL, Taufe, S. 218.

terrichtet: ... in der Karwoche ... in der Osternacht, offenbar unmittelbar vor dem Vollzug; ... in Jerusalem und Mailand wurde die letzte mögliche Konsequenz gezogen, erst die schon Getauften erhalten in der Osterwoche die Erklärung dessen, was in der Osternacht an ihnen geschehen ist."[284] Immerhin zeigt sich auch hier wieder sehr deutlich, daß die Taufe zu Ostern stattfand. Die Auflösung der Katechumenatsordnung hatte in diesem Punkt noch zu keiner grundlegenden Änderung geführt. In Oberitalien, das für den christlichen Einfluß in Süddeutschland nicht unwichtig war,[285] wurden „auch durch die Übergabe ... der Glaubensformeln ... die letzten Sonntage vor Ostern ausgezeichnet ... In Mailand praktiziert man die Übergabe des Glaubensbekenntnisses am Sonntag vor Ostern".[286]

Die Bedeutung Osterns als Tauftermin zeigt sich gerade in Mailand deutlich: „Ambrosius nennt in verschiedenen Texten für Mailand als Termin der feierlichen Initiation das Osterfest ... Neben dem Ostertag waren keine weiteren Termine für die feierliche Initiation vorgesehen ...".[287] F.X. KRAUS sagt dazu: „Die Hauptaufzeit war Ostern. An diesem Tage, sagt Ambrosius ..., wird auf der ganzen Erde das Sacrament der T[aufe] gespendet".[288] Interessant ist in diesem Zusammenhang auch der Hinweis von J. SCHMITZ,[289] daß nach Ambrosius eine enge Beziehung zwischen der Initiation und der Jahreszeit, in die das Osterfest fällt, nämlich dem Frühling, bestehe.

---

[284] KRETSCHMAR, Taufgottesdienst, S. 151.

[285] KRETSCHMAR, Taufgottesdienst, S. 151 weist auf K. GAMBER, Codices Liturgici Latini Antiquiores, Freiburg/Schweiz 1963 hin, der die bleibende Bedeutung Mittel- und Oberitaliens in karolingischer Zeit betont hat. Vgl. auch H. MAYER, Geschichte der Spendung der Sakramente in der alten Kirchenprovinz Salzburg, Zeitschrift für katholische Theologie 37(1913)760-804 (vor allem 798ff.), 38(1914)1-36; 267-296, 372-379.

[286] KLEINHEYER, Sakramentliche Feiern I, S. 69.

[287] J. SCHMITZ, Gottesdienst im altchristlichen Mailand. Eine liturgiewissenschaftliche Untersuchung über Initiation und Meßfeier während des Jahres zur Zeit des Bischofs Ambrosius (†397), Köln-Bonn 1975, S. 3,4.

[288] F.X. KRAUS, Real-Encyklopädie der christlichen Altertümer, Bd. II, Freiburg 1886, S. 823.

[289] SCHMITZ, Gottesdienst, S. 4.

Im Westen setzte sich - wie schon mehrfach erwähnt - immer mehr die Kinder- und Säuglingstaufe durch, weshalb die Vorbereitungen (und damit auch das Katechumenat) überflüssig wurden. Das hat Folgen für den Taufritus: „Die markanteste Veränderung der Ritus-Gestalt ist dadurch bedingt, daß Säuglingstaufe zum Regelfall wird".[290] Allerdings bleibt Ostern als Haupttermin der Taufe noch erhalten, was dadurch erhellt wird, daß die letzte Täuflingsversammlung am Morgen des Karsamstags ist.[291]

Aber die Konsequenz ist letztlich unausweichlich: „Daß in der Regel nur mehr Säuglinge aufzunehmen sind, ist vermutlich ein ausschlaggebender Faktor für die *Loslösung der Initiationsliturgie von der Ostervigil*: Initiation wird gefeiert, wenn wieder Kinder geboren worden sind".[292]

Wir können erkennen, daß die beginnenden Veränderungen noch nicht am entscheidenden Tauftermin der westlichen christlichen Kirche gerüttelt haben: es ist nach wie vor Ostern. Die Katechumenatsordung ist dafür ein weiteres wichtiges Indiz: ihr gesamter Ablauf kulminiert in Ostern, in der Taufe.

4. Massentaufen

Massentaufen werden schon im Neuen Testament geschildert: „Nach der Predigt des heil. Petrus bekehrten sich an dem einen Tage bei dreitausend Menschen, welche auch getauft wurden. Eine so große Zahl ließ sich aber nicht an einem Tage durch Eintauchen oder Uebergießen taufen von dem heil. Petrus; mithin wurden sie nur durch Palmzweige, welche in das Wasser mehrfach getaucht wurden, abgewaschen durch Besprengung".[293] Zu diesem Bericht vergleiche man auch J.C.W. AUGUSTI[294] und J.J. VON

---

[290] JILEK, in: Handbuch der Liturgik, S. 294 unter Bezug auf KLEINHEYER, Sakramentliche Feiern I, S. 150ff. und S. 304ff. mit weiteren wichtigen Bemerkungen zur Entwicklung.

[291] Ebda., S. 305.

[292] Ebda., S. 306.

[293] BINTERIM, Denkwürdigkeiten, Bd. 1, S. 109.

[294] AUGUSTI, Denkwürdigkeiten, Bd. 2, S. 207f., Bd. 7, S. 181.

ALLMEN[295], der dazu bemerkt: „so scheint es wenig wahrscheinlich, daß sie alle durch Untertauchen in fließendes Wasser getauft worden sind".

Aus dieser Beschreibung wird bereits deutlich, daß die Taufe vieler Menschen Einfluß auf das Ritual gehabt haben muß: ein Untertauchen wird in diesen Fällen kaum möglich gewesen sein, das Übergießen ist der normale Vorgang gewesen: „Bei großen Massenbekehrungen mag sich das öfter wiederholt haben".[296] Diese Beobachtung ist von großer Bedeutung für unsere Frage nach dem Taufritus in der Germanenmission. Auf Einzelheiten wird noch zurückzukommen sein. Zuvor soll deutlich gemacht werden, daß Massentaufen auch ein normaler Bestandteil in der Christianisierung Mitteleuropas gewesen sind.[297]

Das gilt schon für Italien: „Zugleich war dieser Tag [Ostersamstag, J.U.] von Nachmittag an ein besonders beliebter Tauftag. Die Tauffeier an diesem Tage bezeugt besonders Chrysostomus *epist. ad Innocentium Rom.* (Opp. T. III, p. 518), indem er hier einer Schar von gegen 3000 Täuflingen gedenkt".[298] Aus dem Sacramentarium Gelasianum sind Rubriken bekannt, die auf hohe Zahlen bei den österlichen Taufen schließen lassen.[299]

„Gregor von Tours ... berichtet, es seien mit dem König [Chlodwig; im Jahr 498? J.U.] 'mehr als 3000 aus seinem Heer getauft worden'"[300]. Papst Gregor I. schickte 596 Mönche nach England, „an Weihnachten 597 konnte Bischof Augustin an den Papst melden, daß 'mehr als 10 000 Angeln getauft sind'".[301]

---

[295] In: Zeichen des Glaubens. Studien zu Taufe und Firmung. B. Fischer z. 60. Geb., Freiburg 1972, S. 49f.

[296] KRAUS, Real-Encyklopädie, Bd. 2, S. 828.

[297] Vgl. auch A. ANGENENDT, Kaiserherrschaft und Königstaufe, Berlin - New York 1984, S. 66ff., speziell S. 69.

[298] H.E.F. GUERICKE, Lehrbuch der christlich kirchlichen Archäologie, 2. Aufl., Berlin 1859, S. 171.

[299] Vgl. SPITAL, Taufritus, S. 36f.

[300] Die Kirche des früheren Mittelalters, hrsg. v. K. SCHÄFERDIEK, München 1978, Bd. II,1, S. 127; F. BUCHNER, in: Volk und Volkstum. Jahrbuch für Volkskunde 1(1936)202f;. Zur Zahl vgl. Apostelgeschichte 2,41 (s. auch oben).

[301] KILGER, Taufvorbereitung, S. 506.

Fredegar schildert die Christianisierung der Perser durch Kaiser Maurikios und spricht von 60 000 Menschen, die innerhalb von zwei Wochen getauft worden seien.[302]

Für unsere Frage besonders wichtig ist diese Erscheinung in England:[303] Die Christianisierung „geht offenbar von den verschiedenen Königshöfen aus, an denen sich Paulinus im Gefolge Edwins zeitweise aufhält, wobei es dann zu Massentaufen in Flüssen kommt, so in Bernicia bei Yeavering in der Nähe von Wooler im nördlichen Northumberland ... im Glen und in Deira bei Catterick ... im Swale ... Ähnlich ... in ... Lindsey, wo Paulinus in Anwesenheit des Königs eine Massentaufe im Trent ... vornimmt."[304] Zu diesen Ereignissen fügt der Berichterstatter Beda erklärend hinzu, „man habe noch keine Kirchen und Baptisterien errichten können".[305]

Zwar hat H. LÖWE zu einer gewissen Vorsicht bei den hohen Zahlenangaben, z.B. über die von Bonifatius vollzogenen Taufen, gemahnt,[306] aber andererseits gibt es Zeugen, daß auch unter Wilfrid an einem Tag Tausende getauft wurden.[307] Man darf auch nicht übersehen, daß bei Bonifatius „eine *Massen*taufe ... der *Massen*vorbereitung [entsprach]. 'Unübersehbar große Scharen empfangen das Sakrament'; das ist in etwa der allgemeine Eindruck der Bonifatiustaufe."[308] „An der Edder ... vollzog [er] ... 722, wohl Pfingsten, eine Massentaufe ...: *multisque milibus ho-*

---

302 Ausgewählte Quellen zur Geschichte des Mittelalters, Bd. IVa, Darmstadt 1982, S. 169ff.

303 Vgl. etwa L.E. v. PADBERG, Mission und Christianisierung. Form und Folgen bei Angelsachsen und Franken im 7. und 8. Jh., Stuttgart 1995, S. 181ff.

304 K. SCHÄFERDIEK in: Kirche d. früh. Mittelalters, Bd. II,1, S. 169.

305 FÄRBER, Ort d. Taufspendung, S. 41; T. KLAUSER in: Pisciculi. Studien zur Religion und Kultur des Altertums. F.J. Dölger z. 60. Geburtstag, Münster 1939, S. 160f.

306 H. LÖWE, in: Kirche d. früh. Mittelalters, Bd. II,1, S. 222.

307 Vita Wilfridi c. 41, in: Monumenta Germaniae Historica, Scriptores rerum Merovingicarum, Bd. VI, S. 234. Dazu: T. SCHIEFFER, *Winfried-Bonifatius,* S. 142. Zur Situation bei den Friesen vgl. auch M. RICHTER in: H. LÖWE (Hrsg.), Die Iren und Europa im früheren Mittelalter, Stuttgart 1982, S. 123f.

308 FLASKAMP, Missionsmethode, S. 85.

minum expurgata paganica vetustate baptizatis"[309]. Im Jahre 739 ist von „ad centum milia animas" die Rede, 753-54 für Friesland „multa iam milia hominum, vicorum ac mulierum, sed et parvulorum ... baptizavit".[310] Auch in Flandern fanden Massentaufen statt[311], ebenso im 10. Jh. an Norwegern in Irland.[312]

Nach Ansicht von R. SCHNEIDER[313] erwuchs der Kirche unter Karl dem Großen zunächst nicht viel Arbeit, „ zumal häufig genug von Massentaufen der Besiegten in der Überlieferung zu lesen ist". So fand „zur Zeit des 777 mitten im eroberten Sachsenlande abgehaltenen glänzenden Reichstage zu Paderborn ... abermals eine Massentaufe statt, die bei der Anwesenheit vieler Bischöfe doppelt eindrucksvoll gewesen sein muß".[314] Manches „legt nahe, daß viele Massentaufen ohne Minimalinstruktionen und in unwürdiger bis empörender Form abgelaufen sein werden".[315]

Das erinnert an die Taufpraxis früherer Zeiten. Aus der Niedergangszeit der arianischen Kirche berichtet K.D. SCHMIDT[316]: „Wie stark die arianische Kirche in dem allen ihre innere Vollmacht verloren hat, geht aus ihrer Taufpraxis hervor. Sie verzichtet nicht nur auf die innere Zustimmung der zu Taufenden. Wo Gewalt eine Hauptrolle spielt, ist das immer der Fall! Sondern sie hält selbst äußerlich zwangsweisen Vollzug, Vollzug an Geknebelten, nicht für sakramentswidrig. Der äußere Vollzug genügt also vollauf zur Gültigkeit".

In den Anfängen der Mission waren Kirchen und Baptisterien unbekannt: „Es ist ja eine allgemeine Erscheinung der Religion, daß die Bekehrung des Fürsten die Bekehrung des Volkes nach sich zieht, und zwar *in cumulo.* Es wäre unklug gewesen, mit der

---

309 FLASKAMP, Hessenbekehrung, S. 149.

310 FLASKAMP, Missionsmethode, S. 85.

311 Lexikon für Theologie und Kirche, 2. Aufl., Bd. 6, Freiburg 1961, Sp. 54.

312 K. MAURER, Die Bekehrung des norwegischen Stammes zum Christentume, Bd. 1, München 1855, S. 143.

313 In: Kirche d. früh. Mittelalters, Bd. II,1, S. 242.

314 V. SCHUBERT, Gesch. d. christl. Kirche, S. 335.

315 R. SCHNEIDER, in: Kirche d. früh. Mittelalters, Bd. II,1, S. 243.

316 Die Bekehrung der Ostgermanen zum Christentum, Göttingen 1939, S. 360.

Taufe hinzuwarten, bis römische Taufkirchen gebaut waren. Da zog man eben zu einem Flusse, einem Brunnen, einer Quelle und traf die Einrichtung primitiv ... Taufen, wie sie bei der bischöflichen Taufkirche wie in Italien statthatten, verboten sich schon durch die Weite des Missionsgebietes, die Unwegsamkeit und die Entfernung de Bischofskirche. Der Missionar mußte die Siedlungen aufsuchen, nicht umgekehrt."[317]

Besonders wichtig für unsere Frage ist weiterhin, daß Ostern bei diesen Massentaufen eine große Rolle, gelegentlich sogar die entscheidende Rolle gespielt hat: „Johannes Chrysostomos erzählt von einer nichtgenannten großen Kirche, in der die Presbyter bei Abwesenheit des Bischofs in der Osternacht tausende von Katechumenen tauften ...".[318]

Man kann sich vorstellen, welche Wirkung diese Ereignisse auf die heidnischen Germanen hatten. Die Einrichtung des Katechumenats war natürlich damit ad absurdum geführt. „In der Germanenbekehrung blieben die[se] Einrichtungen ... fast unbeachtet".[319] Aber für unsere Frage nach dem inneren Zusammenhang von Ostern und Taufe darf gefolgert werden: heidnische Germanen empfanden zu Ostern sicher als das entscheidende Ereignis nicht das Gedenken an die Auferstehung Jesu Christi, sondern die Taufe von Dutzenden, Hunderten, Tausenden.

5. Taufe und Ostern in England und Irland

Aufgrund der Tatsache, daß sich der germanische Terminus *Ostern/Easter* gegenüber *Passah* vornehmlich im Englischen und Deutschen durchgesetzt hat, und aufgrund der Bedeutung der angelsächsischen und irischen Mission in Deutschland[320] sind die

---

[317] BUCHNER, Missionstaufe, S. 203; vgl. dazu auch E. TYRELL-GREEN, Baptismal Fonts, London 1928, S. 7f.

[318] KRETSCHMAR, Taufgottesdienst, S. 154.

[319] Lexikon für Theologie und Kirche, 2. Aufl., Bd. 6, Freiburg 1961, Sp. 53.

[320] Man vergleiche etwa A. HAUCK, Deutschland und England in ihren kirchlichen Beziehungen, Leipzig 1917.

Verhältnisse in England[321] und Irland[322] natürlich von besonderem Interesse.

In England hatte sich allerdings schon recht bald eine Tendenz durchgesetzt, die auf eine rasche Taufe der Kinder abzielte.[323] Schon im Frühmittelalter „begann ... die herrscherliche Gesetzgebung auf eine baldige Taufe zu drängen; angelsächsische Königsgesetze erlauben nur einen Verzug von höchstens einem halben Jahr“.[324] Bald verfügten die angelsächsischen Gesetze noch engere Fristen: wenn ein Kind nicht binnen 30 Tagen die Taufe empfängt, sind 30 Schillinge zu zahlen,[325] gelegentlich wird auch eine Frist von 7 Tagen gesetzt,[326] „die Homilien schwanken zwischen 7 und 30 Tagen“.[327] Die Christianisierung hat sich in England so rasch durchgesetzt, daß M. RICHTER schließen konnte: „die Bekehrung der Angelsachsen [fand]... mit der Christianisierung der Südsachsen bald nach 690 ihren Abschluß“.[328]

Aber es gibt auch hier deutliche und konkrete Angaben zur Ostertaufe: „Beda berichtet zum Jahre 627, Paulinus habe den König Edwin von Northumbrien mit seinen Edeln und sehr viel Volk am Osterfeste getauft“.[329] Wenn man bedenkt, daß erst 20 Jahre zuvor Augustin zur Bekehrung der Angelsachsen gesandt worden ist, so ist aus dieser Quellenangabe unverkennbar, daß gerade in den ersten Jahren der Mission an den römischen Terminen festgehalten wurde und die Taufe zu Ostern erteilt worden ist. Ich

---

[321] Man vergleiche FISHER, Christian Initiation, S. 78ff.

[322] Man vergleiche z.B. M. RICHTER, Der irische Hintergrund der angelsächsischen Mission, in: H. LÖWE (Hrsg.), Die Iren und Europa, S. 120-137.

[323] Allgemein zu dieser Frage: E. BASSENGE, Die Sendung Augustins zur Bekehrung der Angelsachsen (594-604 n. Chr.), Diss. Leipzig 1890.

[324] A. ANGENENDT, Taufritus, S. 287 mit Hinweis auf F. LIEBERMANN, Die Gesetze der Angelsachsen, II, Halle 1906/12 - Neudruck Aalen 1960, s.v. Taufe. Vgl. auch B. NEUNHEUSER, Die Liturgie der Kindertaufe. Ihre Problematik in der Geschichte, in: H. AUF DER MAUER, B. KLEINHEYER (Hrsg.), Zeichen d. Glaubens, S. 319-334.

[325] LIEBERMANN, Gesetze d. Angelsachsen, Bd. 2,1, S. 677.

[326] Ebda., S. 678.

[327] Ebda.

[328] In: H. LÖWE (Hrsg.), Die Iren und Europa, S. 122.

[329] KILGER, Taufvorbereitung, S. 507; ANGENENDT, Kaiserherrschaft, S. 178.

erinnere nochmals an den oben schon angeführten Passus, daß kurz nach seiner Ankunft an Weihnachten 597 ... Bischof Augustin an den Papst melden [konnte], daß „mehr als 10 000 Angeln getauft sind“[330].

Wenn ich an dem Deutungsvorschlag von J. KNOBLOCH auch Kritik üben muß, so ist andererseits von ihm richtig erkannt worden, daß die *Taufe zu Ostern* eine wichtige Rolle gespielt hat. Das wird besonders deutlich, wenn J. KNOBLOCH zur Abwehr der Herkunft von einem Götternamen bemerkt:[331] „Und hätte man wohl die Duldung so weit getrieben, daß man gerade das altchristliche Tauffest, dem im Zeitalter der Bekehrung eine besondere Bedeutung durch die große Zahl der zu taufenden Neophyten zukam, mit dem Namen einer heidnischen Göttin belegt hätte, wo doch gerade in der heiligen Osternacht den alten Göttern feierlich abgeschworen wurde?“.

Es fragt sich dann nur noch, *auf welche Weise* die Angelsachsen (und später auch die heidnischen kontinentalgermanischen Stämme) getauft wurden. Welchen Taufritus wandte man an?

Zuvor muß aber noch ein kurzes Wort zu Pfingsten als Tauftermin gesagt werden. Pfingsten tritt häufig als fast gleichberechtigter Termin auf, zum ersten Mal ist es in diesem Sinn im Jahre 385 bezeugt.[332] Es wird sich im Grunde aber damit wohl so verhalten, wie G. KRETSCHMAR sofort hinzufügt: „man wird anzunehmen haben, daß der Tauftermin am Ende der österlichen Freudenzeit vor allem für solche Katechumenen vorgesehen war, die aus irgendeinem Grunde an der Ostertaufe nicht teilnehmen konnten“.[333] Damit ist alles gesagt: Ostern ist der entscheidende Termin, Pfingsten verbleibt für Nachzügler, Verhinderte, Kranke. Die Stellung Osterns als Tauftermin wird dadurch eigentlich nicht berührt.

Die angelsächsische Mission ist - wie schon oben bemerkt wurde - für unsere Frage nach einem Zusammenhang zwischen dem Osterfest, der Taufe und der Bezeichnung *Ostern* in verschiede-

---

[330] KILGER, Taufvorbereitung, S. 506.
[331] KNOBLOCH, Ursprung, S. 38.
[332] KRETSCHMAR, Taufgottesdienst, S. 269.
[333] Ebda.

nen Punkten von entscheidender Bedeutung.[334] Selbstverständlich haben Bonifatius und die angelsächsischen Mönche aus der Kenntnis der christlichen Sitten und Gebräuche ihrer Heimat heraus (mit anderen Worten: der Liturgie) in Germanien missioniert: „Der Angelsachse Bonifatius hat ... den römischen Taufritus auch im Frankenreich eingeführt".[335]

Da zudem, wie schon mehrfach erwähnt, *Ostern* als Wort eben im Englischen und Deutschen zuhause ist, sind die christlichen Grundlagen Englands für die christliche Terminologie Deutschlands von erheblicher Bedeutung und die Lösung mancher Fragen wird sich nur bei Beachtung der angelsächsischen Grundlagen finden lassen.

Ich betone diesen Punkt deshalb, weil die Frage, ob *Ostern* etwas mit germanisch *ausa* „mit Wasser besprengen" zu tun hat, vielleicht entscheidend davon abhängt, *in welcher Form* die Taufe in Irland und England und daran anschließend in Friesland, Hessen (Bonifatius) und Sachsen (Karl der Große) durchgeführt worden ist.

Geht man dieser Frage nach, so kommt man nicht umhin festzustellen, daß die für die heidnischen Angelsachsen beeindruckendsten Geschehen die Massentaufen in den Flüssen gewesen sein dürften. Darüber gibt es genug Berichte. Ich zitiere nochmals K. SCHÄFERDIEK,[336] der auf Königshöfe hingewiesen hat, „an denen sich Paulinus im Gefolge Edwins zeitweise aufhält, wobei es dann zu Massentaufen in Flüssen kommt, so in Bernicia bei Yeavering in der Nähe von Wooler im nördlichen Northumberland ... im Glen[337] und in Deira bei Catterick ... im Swale ... Ähnlich ... in ...

[334] Nicht nur zu Fragen der Mission, sondern allgemein für die Beziehungen zwischen Kontinent und England wichtig: W. HAUBRICHS, Die Angelsachsen und die germanischen Stämme des Kontinents im frühen Mittelalter: Sprachliche und literarische Beziehungen, in: Irland und die Christenheit. Bibelstudien und Mission, hrsg. v. P. NÍ CHATHÁIN u. M. RICHTER, Stuttgart 1987, S. 387-412.

[335] H. VOLLRATH, Taufliturgie und Diözesaneinteilung in der frühen angelsächsischen Kirche, in: Irland und die Christenheit, S. 386.

[336] K. SCHÄFERDIEK in: Kirche d. früh. Mittelalters, Bd. II,1, S. 169.

[337] Dazu auch FISHER, Christian Initiation, S. 79.

Lindsey, wo Paulinus in Anwesenheit des Königs eine Massentaufe im Trent ... vornimmt".[338]

Besonders wichtig ist der auch oben schon angesprochene Tatbestand, daß am Anfang der Mission noch gar keine Kirche zur Verfügung stand. H. v. SCHUBERT[339] weist darauf hin, daß „nach dem Übertritt der Staatsoberhäupter 627 sich im Norden und Süden die Volksgenossen zu Paulinus und seinem Diakon Jakobus gedrängt hätten, [um] sich von ihnen in den Flüssen taufen zu lassen; denn noch standen keine Kirchen ...".

Nicht anders war die Lage in Norddeutschland. Im Jahre 780 erschienen „nicht nur die Ostsachsen, auch die jenseits der Elbe wohnenden Wenden und ‚Nordleute' ... zur Taufe an der Oker".[340] Für Ostfalen spielte Helmstedt eine große Rolle.[341] An der Lippe stellte sich „eine *innumerabilis multitudo* mit Weib und Kind zur Taufe".[342] Diese Massentaufen wurden natürlich durch Übergießen am Rand des Flusses durchgeführt. Von hieraus führt ein direkter Weg zu der Frage, in welcher Weise die Taufe in England und Deutschland durchgeführt wurde, ob es durch Untertauchen (*submersio*) oder Begießen (*immersio*) geschah.

---

338 Vgl. auch ANGENENDT, Kaiserherrschaft, S. 178ff.

339 v. SCHUBERT, Gesch. d. christl. Kirche, S. 265.

340 Ebda., S. 336.

341 Vgl. schon HILLE, Die Ludgeriquelle bei Helmstädt, die Taufstätte der ersten Christen in Ostsachsen, Vaterländisches Archiv 1844, S. 82-99; man beachte auch den dortigen Hinweis (S. 88, Anm. 4) auf die Verhältnisse auf Helgoland. S. auch P.W. BEHRENDS, Die Ludgeriquelle oder der Lutgeriborn bei Helmstädt, als Taufstätte der ersten Christen dieser Gegend geschichtlich beglaubigt, in: Pastoralzeitung der Provinz Sachsen 1841, S. 9-23; vgl. ferner HAHNE, Reste heidn. Quellenverehrung im Braunschweiger Lande.

342 v. SCHUBERT, Gesch. d. christl. Kirche, S. 335.

6. Christliche Taufe (Submersion/Immersion[343], Perfusion)

Den von mir für möglich gehaltenen Zusammenhang zwischen *Ostern/Easter* und germanisch *ausa* „gießen“ kann es nur geben, wenn die Taufe in der Germanenmission durch Begießen und nicht durch Untertauchen (*submersio*) vollzogen wurde. Dabei könnte es auch eine Rolle spielen, ob die germanische heidnische Taufe aus dem christlichen Ritual übernommen worden ist oder nicht. Dazu hatte R. SIMEK geäußert:[344] „Daß der Brauch nicht etwa in den letzten vorchristlichen Jahrhunderten aus der christl. Taufe entlehnt wurde, etwa in der Kontaktzone der britischen Inseln, geht daraus hervor, daß zu dieser Zeit das Untertauchen noch die verbreiteste Form der christl. Taufe war, während die Beschreibung der W[asserweihe] den Übergang zum Besprengen des Neugeborenen voraussetzt“.

Ich habe - wie aus dem bisher Gesagten schon ersichtlich - erhebliche Zweifel an dieser Auffassung. Diese verstärken sich noch, wenn man das Altenglische nach dem sprachlichen Befund befragt. Zuvor müssen wir uns aber - wenigstens in groben Zügen - mit der Taufpraxis in den ersten nachchristlichen Jahrhunderten[345] vertraut machen.[346]

„Die Abwaschung - Taufe - kann auf eine dreifache Art, nach der Meinung unserer Theologen, verrichtet werden. 1) Durch eine

---

[343] Unter *immersio* wird gelegentlich auch das Übergießen verstanden: „Rhodinus bei Goar, Eucholog. Graecor. fol. 299, nennt ganz klar die Übergießung auch Eintauchung. Wir gießen dreimal das Wasser über den Täufling (*ter infundimus*), um die Dreieinigkeit, in deren Namen wir taufen, anzuzeigen, und auch durch diese drei Eintauchungen *tribus illis immersionibus* ... zu bekennen“ (BINTERIM, Denkwürdigkeiten, Bd. 1, S. 118).

[344] SIMEK, Lexikon, S. 475f.

[345] Zu Formen vorchristlicher Taufe, vor allem zum Verhältnis zum mandäischen Ritus, vgl. REITZENSTEIN, Vorgeschichte.

[346] „Die ausführlichste Beschreibung aller in der alten Kirche gebräuchlichen Tauf-Ceremonien liefert Cyrillus Hierosolyntitanus († 386)“ (AUGUSTI, Denkwürdigkeiten, Bd. 7, S. 98). Man vergleiche zum folgenden u.a. AUGUSTIs Ausführungen *Von der Form der Taufe* (= 9. Kapitel der Denkwürdigkeiten, Bd. 7, S. 215-256).

Besprengung mit Wasser (*Aspersio*); dann 2) durch Eintauchung (*immersio*) und 3) durch Übergießung (*infusio*)".[347] Ausführlich hat diese Frage schon J.C.W. AUGUSTI[348] behandelt. Von späteren Arbeiten vergleiche man F. BRENNER,[349] J. SCHMITZ,[350] E. STOMMEL,[351] B. KLEINHEYER[352] und H.J. SPITAL.[353] Aus der Durchsicht dieser und weiterer Arbeiten ergibt sich, daß es offenbar eine Entwicklung von der Submersionstaufe zur Übergießmethode gegeben hat,[354] nach P. DREWS[355] war „bis zu Cyprians Zeit ... die Untertauchung herrschende Sitte, außer in besonderen Fällen. Seit dem 4. Jahrhundert wird es in einigen Kirchen üblich, die Untertauchung durch eine reichliche Begießung des Hauptes zu ersetzen; dabei steht aber der Täufling im Wasser".

H.I. MARROU[356] hat für das Ende des 4. Jahrhunderts angesichts der Baptisterien vor Irrtümern gewarnt: „Die Zeremonie fand während der Osternacht statt ... Ein besonderes Gebäude, das *Baptisterium,* war dafür vorgesehen; daß sich in seiner Mitte ein Bassin befand, darf uns nicht irreführen; die Taufe geschah durch Übergießen und nicht durch gänzliches Untertauchen". Es ist weiter bekannt, daß die frühe Christenheit ihre Taufpraxis im we-

---

347 BINTERIM, Denkwürdigkeiten, S. 109.

348 Die wichtigsten Stellen der Kirchenväter, worin eine ausführliche Beschreibung des Tauf-Rituals gegeben wird, in: AUGUSTI, Denkwürdigkeiten, Bd. 7, S. 76-107.

349 BRENNER, Geschichtliche Darstellung, S. 13ff., 40ff.

350 SCHMITZ, Gottesdienst, S. 138ff.

351 E. STOMMEL, Begraben mit Christus" (Röm. 6,4) und der Taufritus, Römische Quartalschrift 49(1954)1-20; ders., Das „Abbild seines Todes" (Röm. 6,5) und der Taufritus, Römische Quartalschrift 50(1955)1-21.

352 KLEINHEYER, Sakramentliche Feiern I, S. 28ff.

353 SPITAL, Taufritus, S. 112ff.

354 Dafür spricht sich auch AUGUSTI, Denkwürdigkeiten, Bd. 7, S. 216 mit Hinweis auf zahlreiche Belege bei BRENNER, Geschichtliche Darstellung, S. 1-70, aus.

355 In: Realencyklopädie für protestantische Theologie und Kirche (wie oben), S. 432.

356 In: Geschichte der Kirche, Bd. 1, Einsiedeln usw. 1963, S. 316.

sentlichen aus entsprechenden Riten benachbarter Religionen übernommen hat. Ich gehe darauf nur am Rande ein.[357]

Zu der uns interessierenden Frage hatten schon A. HÖFLING[358] und H. PFANNENSCHMIDT[359] beachtenswerte Einzelheiten zusammengetragen. Hundert Jahre später hat E. STOMMEL gezeigt,[360] daß die wesentlichen Züge der späteren Taufpraxis schon früh feststanden. Nach längeren Ausführungen zu den Einzelheiten heißt es:[361] „Diese wenigen Zeugnisse von vielen belegen wohl zu Genüge, daß in der Regel die allein für die christliche Taufe ausschlaggebende Aktion des Täufers in einer auf das andeutende Symbol reduzierten Reinigung des Täuflings durch Übergießen bestand". Sein Resümee ist für die uns besonders interessierende Frage von entscheidender Bedeutung:[362] „... der Orient erweiterte das aus dem Judentum stammende Tauchbad zum Untertauchbad und verchristlichte es durch die Taufformel; das Abendland dagegen verselbständigte die Übergießung durch den Täufer als die allein ausschlaggebende Aktion".

Die Begießung ist aber wohl seit Beginn der Christenheit laufend angewandt worden. E. FÄRBER macht auf einen Passus aus der Apostelgeschichte aufmerksam, der das sehr deutlich

---

357 Manches habe ich P. DREWS, in: Realencyklopädie für protestantische Theologie und Kirche (wie oben), S. 427f. entnommen. Man vergleiche auch W. KROLL, Alte Taufgebräuche, in: Archiv für Religionswissenschaft 8(1905), Beiheft, S. 28-53 und F.X. FUNK, Die Entstehung der heutigen Taufform, in: ders., Kirchengeschichtliche Abhandlungen und Untersuchungen I, Paderborn 1897, S. 478ff.; C.P. CASPARI, Alte und neue Quellen zur Geschichte des Taufsymbols und der Glaubensregel, Christiania 1879; ders., Ungedruckte, unbeachtete und wenig beachtete Quellen zur Geschichte des Taufsymbols und der Glaubensregel, Teil 1-2, Christiania 1866-1869; B. NEUNHEUSER, Taufe und Firmung (= Handbuch der Dogmengeschichte IV/2), 2. Aufl., Freiburg usw. 1983, S. 13ff.; J. Leipoldt, Die urchristliche Taufe im Lichte der Religionsgeschichte, Leipzig 1928.

358 HÖFLING, Sacrament, 46ff. Höflings Untersuchung ist von GUERICKE, Lehrbuch, S. 259 mit Recht als „vorzüglich" bezeichnet worden.

359 PFANNENSCHMIDT, Weihwasser.

360 E. STOMMEL, Christliche Taufriten und antike Badesitten, Jahrbuch für Antike und Christentum 2(1959)5-14.

361 Ebda., S. 12.

362 Ebda., S. 14.

macht:[363] „Als sie auf dem Wege fortzogen, kamen sie an ein Wasser, und der Kämmerer sprach: '*Sieh, da ist Wasser! Was hindert, daß ich getauft werde?*" ... *Da ließ er den Wagen halten, und er taufte ihn*'. Es ist daher nur bedingt richtig, wenn P. DREWS meint, in der frühen Christenheit sei die Taufe wohl „wirklich noch ein volles Untertauchen in einem Gewässer unter freiem Himmel" gewesen,[364] zumal es nach E. FÄRBER[365] zu dieser Zeit „für die Taufe noch keine rituellen Vorschriften im strengen Sinn und deshalb vermutlich weder empfehlende noch einschränkende Bestimmungen über den Ort der Taufspendung" gab.

Auf die Bedeutung des fließenden Wassers hat vor allem Th. KLAUSER hingewiesen:[366] danach liegt „die Annahme nahe, daß [die Christen von Anfang an, J.U.] innerhalb wie außerhalb Palästinas, wenn es nur irgendwie anging, im edelsten Wasser, das man kannte, also im fließenden Wasser von Quellen und Flüssen oder im Meer tauften".[367]

Für die weitere Entwicklung finden sich bei E. FÄRBER weitere wichtige Bemerkungen über den Taufritus im alten Rom. So erwähnt Tertullian, *Petrus in Tiberi tinxit* („Petrus hat im Tiber getauft").[368] Nach Aussage der pseudoklementinischen Homilien soll Petrus auch bei anderer Gelegenheit „an einem reinen Platz getauft haben. Vom Apostel Thomas wird erzählt, er habe die Taufhandlung an einer Wasserquelle vorgenommen."[369]

Auch die Didache, ein in der Kirche entstandenes Handbuch mit Gesetzescharakter,[370] läßt statt der Untertauchung die Begies-

---

[363] FÄRBER, Ort der Taufspendung, 36-114, hier: S. 37.

[364] P. DREWS, in: Realencyklopädie für protestantische Theologie und Kirche (wie oben), S. 429.

[365] FÄRBER, Ort der Taufspendung, S. 38.

[366] Taufet in lebendigem Wasser! Zum religions- und kulturgeschichtlichen Verständnis von Didache 7,1-3, in: Pisciculi. Studien zur Religion und Kultur des Altertums. F.J. Dölger z. 60. Geburtstag, Münster 1939, S. 157-164.

[367] Ebda., S. 158.

[368] KLAUSER, Taufet, S. 160; FÄRBER, Ort der Taufspendung, S. 38; Zweifel an diesem Bericht meldete TYRELL-GREEN, Baptismal Fonts, S. 3, an.

[369] KLAUSER, Taufet, S. 160.

[370] Vgl. H. LIETZMANN, Die Didache, 5. Aufl., Berlin 1948.

sung zu (man vermutet, auch bedingt durch klimatische Verhältnisse in Syrien).[371] Neben dem fließenden Wasser war aber auch stehendes erlaubt, ja es war praktisch jeder geeignete Ort für die Taufe gestattet.[372] Begießung und Besprengung sind damit bereits früh als „gleichberechtigt neben dem Untertauchen angesehen".[373] K. ALGERMISSEN[374] hat diese Anweisung noch etwas genauer ausgeführt: „Die sogenannte 'Zwölfapostellehre' ('Didache') ..., deren früheste Teile auf die 90er Jahre des 1. Jahrhunderts zurückreichen, schreibt ...: 'taufet ... im lebendigen Wasser. Hast Du kein lebendiges Wasser, so taufe in einem andern Wasser ... Hast du beides nicht, so gieße dreimal Wasser auf das Haupt'".[375]

Im Rom der frühen Christenheit galt die *immersio* wohl als Regel:[376] „Ablutio baptismalis professione fidei triplici, modo interrogativo cum triplici immersione".[377] Aber schon bald lockerte sich die Vorschrift, Bad und Übergießen standen gleichberechtigt nebeneinander. Nach G. KRETSCHMAR[378] stellt Tertullian, bei dem „ein völlig durch- und ausgebildetes Taufritual erscheint",[379] „am Ende des zweiten Jahrhunderts ausdrücklich fest, daß es keinen Unterschied mache, ob die Taufe im Meer oder im stehenden Wasser, Fluß oder Quelle, Teich oder Becken ... erfolge"[380] und es scheint „seit dem dritten und vierten Jahrhundert ... die Übergießtaufe in weiten Teilen der Christenheit üblich geworden zu sein".[381] Überhaupt herrschte keine genaue Vorschrift: „In dieser

---

[371] P. DREWS, in: Realencyklopädie für protestantische Theologie und Kirche (wie oben), S. 429.

[372] FÄRBER, Ort der Taufspendung, S. 40.

[373] FUNK, Entstehung, S. 478.

[374] ALGERMISSEN, Kirchengeschichte, S. 26.

[375] Dazu vergleiche man auch KLAUSER, Taufet, S. 157ff.

[376] Man beachte aber immer, daß sich hinter *immersio* auch die Übergießung verbergen kann, vgl. schon oben S. 59 mit Anm. 343, s. auch unten S. 64.

[377] ANGENENDT, Taufritus, S. 278.

[378] KRETSCHMAR, Taufgottesdienst, S. 47.

[379] P. DREWS, in: Realencyklopädie für protestantische Theologie und Kirche (wie oben), S. 430.

[380] Vgl. auch KLAUSER, Taufet, S. 157-164.

[381] KRETSCHMAR, Taufgottesdienst, S. 48; vgl. auch FÄRBER, Ort der Taufspendung, S. 40f.

Periode wird man meist an Quellen, Flüssen oder am Meer getauft haben. Man war frei in der Wahl des Taufortes".[382]

Nach Th. KLAUSER[383] ist es sogar sicher, „daß Hippolyt fließendes Wasser verlangt hat". In seinem Beitrag hat KLAUSER nach E. FÄRBER[384] „Beispiele aus Schriften des christlichen Altertums angeführt, aus denen hervorgeht, daß praktisch jeder geeignete Platz mit Wasser der Taufspendung dienen konnte". Am Anfang des 6. Jhs. wurde wohl auch in Ravenna und in Italien in Flüssen getauft. Man darf dieses m.E. aus einem Bericht des Anonymus Valesianus schließen.[385] Er besagt, daß „zwangsweise getaufte Juden häufig die Hostie in den Fluß geworfen hätten".

Diese Bemerkungen sind umso wichtiger, als wir uns gerade in jener Zeit befinden, in der das Christentum beginnt, Einfluß auf die germanischen Völker zu nehmen. Es gab weder Kirchen noch Baptisterien, getauft wurde unter freiem Himmel, sehr wahrscheinlich an Quellen, Bächen und Flüssen.

Selbst in Mailand mit seinem gut untersuchten Baptisterium ist nach J. SCHMITZ[386] kein Untertauchen, sondern „eher ein rückwärtiges Hineinlegen in das Wasser (wie bei den Baptisten)" anzunehmen.

Man sollte auf keinen Fall verkennen, daß der Vollzug der Taufe in entscheidendem Maße abhängig war vom Ort der Zeremonie:[387] „Konnte die Eintauchung wegen Mangel des Raumes oder des dazu nötigen Wassers nicht füglich Statt haben, so bediente man sich der Übergießung, *superfusio, perfusio, infusio,* welche auch zuweilen unter der Benennung *aspersio cum defluxu aquae* oder auch *immersio* vorkommt".[388] Aber die *perfusio* war stetig auf dem Vormarsch: schon „in den Werken des heil. Augustin findet man einen klarern Beweis für diese Art zu taufen".[389]

---

382 FÄRBER, Ort der Taufspendung, S. 39.

383 KLAUSER, Taufet, S. 159.

384 FÄRBER, Ort der Taufspendung, S. 38.

385 GIESECKE, Ostgermanen, S. 125, Anm. 33.

386 SCHMITZ, Gottesdienst, S. 138ff.

387 Hierzu schon BRENNER, Geschichtliche Darstellung, S. 275ff. Jetzt grundlegend: FÄRBER, Ort der Taufspendung.

388 BINTERIM, Denkwürdigkeiten, Bd. 1, S. 120.

389 Ebda.

Den Ritus der *immersio* hat dann die karolingische Liturgiereform nach A. ANGENENDT „übernommen und ihm dabei eine Anerkennung verschafft, daß er sich im Abendland allgemein durchsetzen konnte und auf diese Weise die Grundlage der mittelalterlichen Taufliturgie wurde".[390] In der Diskussion seines Vortrages in Spoleto umschrieb A. ANGENENDT den Vorgang der Taufe noch präziser: „Bei der Taufe wird ein spezielles Gefäß verwendet. Der Täufling steht im Taufbecken, und dann schöpft man Wasser und gießt mit dem Gefäß Wasser über seinen Kopf. Als Erwachsene getauft wurden, standen sie im Brunnen".[391]

Dieses trifft sich vollkommen mit einer zusammenfassenden Bemerkung von A. JILEK: „In Abwägung aller exegetischen und archäologischen Beobachtungen spricht am meisten für die Annahme, daß ursprünglich und bis ins Frühmittelalter der Taufvorgang so aussieht: Der Taufende übergießt den Taufbewerber mit Wasser, beide stehen dabei im Wasser".[392]

Betrachtet man sich die Praxis in den einzelnen Ländern (wobei natürlich die Quellensituation ganz unterschiedlich ist), so läßt sich feststellen, daß die lateinisch abgefaßten Quellen für Irland und England von einem Untertauchen zu sprechen scheinen. Das Schreiben von Papst Leo dem Großen an Leander von Sevilla über das dreifache Taufen (*De trina vero mersione baptismatis*) interpretiert H.S. BRECHTER[393] wie folgt: „Leander hatte zuvor seine Ansicht über die dreifache Untertauchung bei der Taufe mitgeteilt. Gregor erwiderte ..., die römische Kirche versinnbilde durch das dreimalige Untertauchen das dreitägige Begräbnis und die Auferstehung Christi am dritten Tage ... es sei auch nichts dagegen einzuwenden, daß der Täufling nur einmal im Wasser untergetaucht werde ...".

390 ANGENENDT, Taufritus, S. 279.

391 Ebda., S. 329.

392 JILEK, in: Handbuch der Liturgik, S. 294 unter Bezug auf KLEINHEYER, Sakramentliche Feiern, S. 58ff.

393 Die Quellen zur Angelsachsenmission Gregors des Großen, Münster 1941, S. 70.

In Irland erfolgte nach A. BELLESHEIM[394] „die Spendung der heil. Taufe ... bis in das zwölfte Jahrhundert durch dreimalige Eintauchung ...“. W. DELIUS[395] sagt zur Praxis der ersten Jahrhunderte der irischen Kirche: „Die Taufe wurde in fließendem Wasser, im Fluß oder im Meer durch dreimaliges Untertauchen vollzogen ... Taufzeiten waren Ostern, Pfingsten und Epiphanias“. Am Anfang des 12. Jahrhunderts hatte sich schon eine Änderung durchgesetzt: die Taufen wurden „durch dreimaliges Besprengen in der Kirche“ abgehalten.[396]

Daraus könnte man folgern, daß das Untertauchen auf den britischen Inseln die normale Form des Taufritus gewesen sei. Dagegen sprechen aber gewichtige Zeugen. Zunächst ist festzuhalten, daß am Anfang der Mission in England kein Baptisterium Verwendung fand. Dieses zeigt sich in Bedas Bericht über den Bischof Paulinus für die Zeit um 630: er „tat nichts anderes, als das von allen Weilern und Ortschaften herbeiströmende Volk von Morgen bis Abends mit dem Heilsworte Christi zu unterrichten und die Unterrichteten im nahen Flusse Gleni mit dem Bade der Vergebung zu taufen“.[397] Wie in den Flüssen kann ein vollkommenes Untertauchen auch bei Taufen in den Kirchen kaum erfolgt sein. Bei der detailliert beschriebenen Taufe des Königs Ethelbert von Kent (601) wird gesagt, daß der Klerus in feierlicher Prozession zum Taufbrunnen in der Kirche zog.[398] Dort konnte unmöglich eine Person untergetaucht werden. Das gilt auch für Deutschland: völlig richtig hat A.J. BINTERIM[399] festgestellt: „... in den ältesten Kirchen findet man keine so große Taufsteine mehr, daß ein Erwachsener könnte eingetaucht werden“.[400]

---

[394] BELLESHEIM, Gesch. d. kath. Kirche, Bd. 1, S. 602.

[395] DELIUS, Gesch. d. irischen Kirche, S. 73.

[396] Ebda., S. 138.

[397] KILGER, in: Benedictus, S. 507.

[398] BRECHTER, Quellen, S. 283.

[399] BINTERIM, Denkwürdigkeiten, Bd. 1, S. 121.

[400] Zu den Taufsteinen in deutschen Kirchen vgl. etwa H. OTTE, Handbuch der kirchlichen Kunstarchäologie, 4. Aufl., Leipzig 1863, S. 209-225, zu England und anderen Gebieten vor allem TYRELL-GREEN, Baptismal Fonts.

Dem entspricht die Situation in Frankreich voll und ganz. Auch hier ist ein Prozeß erkennbar: „In der Entwicklung der Liturgie hat sich der Taufort geändert. Von den frei fließenden Gewässern wurde die Taufe nach und nach in umbaute Räume verlegt ... In der Johanneslegende wird eine Taufe noch im Flusse gespendet ... Im Christinenleben bittet die sinkende Heldin, Gott möge ihr die Taufe zuteil werden lassen und ihr im Augenblick der Gefahr das Meer zum Taufort machen ... Einmal wird eine Taufe im Jordan geschildert ... Aus dem Text der Volksepen geht ohne weiteres hervor, daß die Taufe im Freien stattfindet“.[401]

Als man zur Taufe in den Kirchen übergeht, ist auch dort keine vollständige Immersion möglich, denn die ausgegrabenen Baptisterien „weisen nie die rechte Tiefe für eine Immersion auf. Wir können uns also den Taufakt etwa so vorstellen: Der Täufling befindet sich vielleicht bis zur Hälfte im Wasser, und gleichzeitig wird ihm Wasser über das Haupt gegossen“.[402] Dennoch glaubt A. TUSCHEN an eine frühere völlige Untertauchung, da man in der altfranzösischen Literatur „nach den Beschreibungen der Taufgefäße annehmen [könne], daß dieselben groß genug waren, um eine Immersion zu ermöglichen“.[403] Solange man keine eindeutigen Nachweise dafür hat, sollte man sich auf die literarischen Quellen vielleicht nicht zu sehr stützen.[404]

Es kommt nämlich noch etwas hinzu: wie schon mehrfach betont, ist es keineswegs immer sicher, daß sich hinter dem lateinischen Terminus *immersio* ein Untertauchen verbirgt. Ich verweise nochmals auf A.J. BINTERIM[405], der betont hat, daß unter *immersio* gelegentlich auch das Übergießen verstanden wird: „Rhodinus bei Goar, Euchology. Graecor. fol. 299, nennt ganz klar die Übergießung auch Eintauchung. Wir gießen dreimal das Wasser über den Täufling (*ter infundimus*), um die Dreieinigkeit, in deren Namen

[401] TUSCHEN, Taufe, S. 48, 49.
[402] Ebda., S. 96.
[403] Ebda.
[404] Man vergleiche dazu C.F. ROGERS, Baptism and christian Archeology (= Studia biblica et ecclesiastica 5, Teil 4), Oxford 1903, S. 240.
[405] BINTERIM, Denkwürdigkeiten, Bd. 1, S. 118.

wir taufen, anzuzeigen, und auch durch diese drei Eintauchungen *tribus illis immersionibus* ... zu bekennen".

Es empfiehlt sich daher dringend, die altgermanischen Sprachen nach entsprechenden Termini abzusuchen. Dafür findet sich im Altenglischen (genauer: in angelsächsischen Gedichten) zweifelsfrei ein „Besprengen mit Wasser", auch bei der Taufe, so etwa in der Wendung *oferweorpan mid wætere,* eigentlich „mit Wasser bewerfen"[406], ohne religiöse Bedeutung auch im Beowulf (*wæteres weorpan*), besonders deutlich aber in einer Stelle aus einem altenglischen Gedicht, in der ein angelsächsischer Dichter Johannes den Täufer in der Unterwelt zu Christus sagen läßt: „Du, Herr der Welt! übergossest mit Jordanwasser (*oferwurpe miþ þý wætere*) alle Menschen".[407]

Es dürfte leicht verständlich sein, daß diese Taufpraxis mit Bonifatius und weiteren angelsächsischen Missionaren den Weg nach Deutschland genommen hat. Und es sei nochmals daran erinnert, daß man nicht von den Baptisterien in Rom oder Mailand auszugehen hat, sondern „daß die vielen kleineren Taufstätten im Hinterland, wohin das Christentum später vordringt, in ihrer Gesamtheit über den Verlauf altchristlicher Tauffeiern mehr aussagen als einzelne repräsentative Bauten in Metropolen, die womöglich aus der Zeit stammen, in der die Erwachsenentaufe in Baptisterien nicht mehr sonderlich akut war".[408] Wenn es einen Fluß in der Nähe gab, dann wurde dort getauft. Der Charakter der nord- und mitteldeutschen Flüsse spricht zusätzlich dafür, daß ein Untertauchen nicht stattgefunden hat. Der Täufling wird sich gebückt haben und der Priester ihn dreimal (darauf wird noch zurückzukommen sein!) mit Wasser aus einem Taufgefäß übergossen haben. Eine einfache, aber dennoch einprägsame Zeremonie, zumal wenn man bedenkt, daß Hunderte (oder auch zuweilen Tausende) daran teilnahmen. Und ich erinnere erneut daran: das geschah meistens zu Ostern.

---

[406] J. BOSWORTH, T. N. TOLLER, An Anglo-Saxon Dictionary, Bd. 1, Nachdruck London 1962, S. 739.

[407] BUGGE, Studien, S. 404.

[408] KLEINHEYER, Sakramentliche Feiern I, S. 59.

Aber auch noch später, nach J.C.W. AUGUSTI[409] in der Zeit vom 8.-12. Jh. „kommen noch Taufakte in Flüssen, am Meere, in Fässern, geheizten Stuben usw. vor“. Dem entspricht durchaus die Beschreibung einer Taufe in Island aus dem Jahre 997:[410] „Hall wurde am Sonnabend vor Ostern mit seinem ganzen Hause in dem Fluß dort getauft; dieser wird seitdem *Thvatta,* d.h. Waschfluß, genannt“, oder nochmals aus Island:[411] „Alle Nordländer und Südländer wurden in der Rauchquelle in Langerdal getauft ... denn sie wollten nicht in kaltes Wasser steigen“.[412]

Wesentlich später vollzog Otto, Bischof von Bamberg, bei der Pommernmission eine sogenannte Tauchtaufe,[413] eine Art „Verbindung der biblischen Flußtaufe mit der römischen Badkapelle“.[414] Was wichtig ist: hier wie in den früheren Missionsgebieten kannte man zunächst keine Taufkapelle.

Die Submersionstaufe, die R. SIMEK für die ersten Jahrhunderte vorausgesetzt hat, ist in der Germanenmission durchgängig kaum praktiziert worden. Ich verweise nachdrücklich auf B. KLEINHEYER,[415] der auf die falsche Beurteilung durch andere Theologen hingewiesen hat: „Unreflektiert haben Submersionstaufe angenommen: R. SCHNACKENBURG ..., V. WARNACH ..., G. WAGNER ...“. In den Standardwerken, z.B. in der *Religion in Geschichte und Gegenwart,* wird die Taufpraxis wie folgt zusammengefaßt: „Anfang des 2. Jahrhunderts finden sich älteste Zeugnisse ... Die T[aufe] wird möglichst in fließendem Wasser durch dreimaliges Untertauchen vollzogen ... Notfalls kann auch in anderem, kaltem oder warmem Wasser getauft werden. Wenn man nicht untertauchen kann, tauft man durch dreimalige Begießung“,[416] ca. 220 ist dreimaliges Untertauchen die Regel,[417] im

---

[409] AUGUSTI, Denkwürdigkeiten, Bd. 7, S. 188.

[410] K. DÜWEL, in: Kirchengeschichte in Missionsgeschichte, Bd. II: Die Kirche des früheren Mittelalters, 1. Halbbd., München 1978, S. 264.

[411] Ebda., S. 271.

[412] Vgl. auch MAURER, Bekehrung, Bd. 1, S. 435.

[413] Man spricht von 7000 getauften Pommern.

[414] Vgl. BUCHNER, Missionstaufe, S. 201.

[415] KLEINHEYER, Sakramentliche Feiern, S. 28, Anm. 1.

[416] Religion in Geschichte und Gegenwart, 3. Aufl., Bd. 6, Tübingen 1962, Sp. 648.

[417] Ebda., Sp. 649.

5./6. Jahrhundert besteht die Taufe aus einer Absage an den Teufel gegen Westen, einer Zusage an Christus gegen Osten, es erfolgt die Wasserweihe, eine dreimalige Anrufung und, wenn der Täufling im Wasser steht, ein dreimaliges Begießen.[418]

Nach E. FÄRBER[419] kann die Taufe, „so darf man zusammenfassend festhalten, von Anfang an grundsätzlich überall dort gespendet werden, wo sich Wasser findet ...; für die Taufe in der Frühzeit und in der Missionssituation [ist bezeichnend]: Die Täuflinge 'werden von uns an einen Ort geführt, wo Wasser ist, dort werden sie neu geboren'".

Ich denke, die Durchsicht der theologischen Literatur hat deutlich gemacht, daß in der Mission in England und Deutschland die Praxis des Übergießens die normale Form der Taufe gewesen ist. Anders kann man sich - wie mehrfach betont - auch Massentaufen, die in dem Bewußtsein der Menschen besonders haften geblieben sind, kaum vorstellen. Ich meine also, davon ausgehen zu dürfen, daß zu der Zeit, als Ostern der entscheidende und vielfach einzige Tauftermin gewesen ist, die Taufe durch dreimaliges Übergießen, zumeist in einem Gewässer, ganz selten auch in einer schon erbauten Kirche, die Regel gewesen ist. Nochmals sei betont, daß die gottesdienstliche Ordnung des Osterkreises „von Anfang an voller *Beziehungen zur Taufe* [ist], denn diese Festzeit ist bis einschließlich Pfingsten ausgezeichnet durch ihre Verbindung mit den Aufnahmeakten".[420] Nicht zu vergessen ist auch, daß die christlichen Feste gleichzeitig auch eine Art Volksfest waren: „Feste, besonders das Osterfest, beging man nicht nur als kirchliche Feiern; sie waren Volksfeste und wurden durch Gastmähler und Armenspeisungen ausgezeichnet".[421]

Als letztes Argument für die Annahme einer frühen Form einer *infusio,* einer Taufe durch Übergießung, darf man bildliche Darstellungen anführen. Die Durchsicht entsprechender Bildbände

---

[418] Ebda., Sp. 650.
[419] FÄRBER, Ort der Taufspendung, S. 42.
[420] V. SCHUBERT, Gesch. d. christl. Kirche, S. 666.
[421] HAUCK, Kirchengeschichte Deutschlands, T. 1, S. 174.

und ihrer Kommentare, beginnend mit F.X. KRAUS[422] und anderen,[423] ist recht eindeutig: bereits aus dem 3. Jahrhundert stammende Abbildungen zeigen einen im Wasser stehenden und vom Wasser übergossenen Menschen. Selbst A. HÖFLING, der das Untertauchen für die normale Form der Taufe ansieht, kommt nicht umhin festzustellen:[424] „Die alten Bilder ... zeugen jedenfalls dafür, daß neben der *immersio* frühzeitig auch schon die *infusio* im Gebrauch war".

Ich verweise auf die Abbildungen bei I. CIAMPINI,[425] die eindeutig eine Begießung zeigen, und auf eine Abbildung aus den Katakomben von Rom und deren Interpretation bei Th. ROLLER[426]. V. SCHULTZE hat gemeint, [427] auf einer Freske in S. Callisto (etwa 200 n.Chr.)[428] sei das Bild einer Taufe erhalten und ausgeführt: „Der Täufling, ein Knabe von ca. zwölf Jahren, ist unbekleidet und steht bis an die Knie im Wasser", aber seine Interpretation, daß sich die Handlung „durch Immersion [vollziehe], für deren Anwendnung aus dieser Zeit auch schriftliche Zeugnisse vorliegen" und sich der Knabe gerade aus dem Wasser erhoben habe, überfrachtet den Terminus *immersio* mit Mutmaßungen. Wahrscheinlicher ist, daß die Abbildung eine Übergießung wiedergibt: man denke noch einmal an Tertullians Bemerkung, Petrus habe im Tiber getauft.[429] F.X. KRAUS führt in diesem Zusammenhang die Thesen von G.B. DE ROSSI[430] aus, der in den

---

[422] KRAUS, Real-Encyklopädie, Bd. 2, S. 832ff.

[423] Vgl. auch schon GUERICKE, Lehrbuch, S. 259-281, ferner J. STRZYGOWSKI, Ikonographie der Taufe Christi, München 1885; A. DE WAAL, Die Taufe Christi auf vorconstantinischen Gemälden der Katakomben, Römische Quartalschrift 10(1896) 335-349; F. SÜHLING, Die Taube als religiöses Symbol im christlichen Altertum, Freiburg i.B. 1930; s. vor allem ROGERS, Baptism, und TYRELL-GREEN, Baptismal Fonts, S. 3ff..

[424] HÖFLING, Sacrament, S. 51.

[425] Vetera Monumenta, Teil II, Roma 1699, Kap. 4, Tafeln IV-VI.

[426] Les catacombes de Rome, Teil 1, Paris 1881, Kap. 24: Le Baptême, S. 129-139 mit Tafel XXIV.

[427] Archäologische Studien über altchristliche Monumente, Wien 1880, S. 26.

[428] Vgl. ROGERS, S. 242.

[429] FÄRBER, Ort der Taufspendung, S. 38.

[430] Giovanni B. DE ROSSI, Roma sotterranea cristiana, Bd. 1, Roma 1864, Taf. XIV und S. 324.

Abbildungen eine exakte Wiedergabe des wirklichen Geschehens sieht, was von L.-A.-J. CORBLET[431] noch weiter ausgebaut wurde. Eine etwas andere Sicht vertritt C. BIGG[432], der zur Vorsicht mahnt und in den frühen Abbildungen nicht unbedingt eine christliche Taufe zu erkennen glaubt. Dagegen hat C.F. ROGERS[433] für die ältesten Abbildungen (2.-5. Jahrhundert) eindeutig zusammengefaßt: „Against is the fact, that in no case is there any attempt to represent immersion, and in two cases the actual affusion ist represented, once directly ..., and once symbolically".

Die bildlichen Darstellungen aus Italien[434] sind für die Frage, welcher Ritus in der Germanenmission vorherrschte, letztlich aber nur bedingt verwertbar, denn es handelt sich bei den Abbildungen um die Praxis in einer bereits überwiegend christlichen Gesellschaft. Ganz andere Zustände herrschten dort, wo es darum ging, daß eine mehr oder minder große Zahl von Menschen in ländlicher Umgebung getauft wurde[435]. Immerhin zeigen die Abbildungen, daß die Übergießmethode auch in den christlich werdenen Städten Italiens eine Rolle gespielt hat.

Zu diesem Komplex biete ich noch eine längere Passage von Th. KLAUSER,[436] die die gebotenen Fakten in guter Weise zusammenfaßt: „Man nahm und nimmt an, daß bis in späte Zeit bei der Taufe eine förmliche Untertauchung der Täuflinge stattgefunden hat. Nun sieht man aber auf den altchristlichen Taufdarstellungen aus Italien nicht selten den Täufling, sei er nun Jesus selbst oder ein Christ, nur bis etwa an die Hüfte im Wasser stehen, während gleichzeitig aus der Höhe ein Wasserstrahl auf ihn herabrieselt. Dazu kommt, daß die Piscina fast aller bisher gründlicher untersuchten Taufbecken des Westens eine so geringe Tiefe aufweist, daß das Untertauchen erwachsener Menschen nicht ohne Schwie-

---

431 L.-A.-J. CORBLET, Histoire de baptême, Teil 2, Paris 1882, S. 227ff.

432 On Baptism by affusion, in: Journal of the theological Studies 5, London 1904, S. 579.

433 ROGERS, Baptism, S. 257.

434 Vgl. die Tafeln im Anhang der Studie von F. SÜHLING, Die Taube als religiöses Symbol im christlichen Altertum, Freiburg i.B. 1930.

435 Darauf weist auch OTTE, Handbuch der kirchlichen Kunstarchäologie, S. 210 mit Anm. 2 nachdrücklich hin.

436 KLAUSER, Taufet, S. 163f.

rigkeiten zu bewerkstelligen war ... Eine förmliche Untertauchung scheint also in Italien frühzeitig abgekommen zu sein. Vielleicht liegt die Erklärung eben darin, daß in gewissen Gegenden einstmals der Wunsch bestanden hat, vom 'lebenden Wasser' im eigentlichsten Sinne des Wortes, also von dem aus der Quelle schießenden Wasserstrahl unmittelbar umspült zu werden, und daß man um dessentwillen auf eine förmliche Untertauchung frühzeitig verzichtet hat; eine *perfusio* dieser Art mag wertvoller geschienen haben als eine *submersio* in dem der Quelle schon ferneren, schon beinahe stehenden Wasser".

Auch die Taufe Christi ist in entsprechenden Abbildungen dargestellt worden. G. RISTOW hat in einem kleinen Büchlein[437] eine nicht geringe Anzahl zusammengestellt. Allen gemeinsam ist ein stehender Christus, an dem das Wasser herabrinnt.

V. Sprachliches zu *April* (Ostermonat), *Ostern, Ostara*

Wenn wir bezweifeln, daß *Ostern* etwas mit der angeblichen Göttin *Ostara* und auch mit der Morgenröte zu tun hat und erwägen, ob nicht ein ganz anderer Weg einzuschlagen ist und an eine Verbindung mit germ. *ausa* „schöpfen" gedacht werden kann, so ist es notwendig, sich noch einmal die sprachlichen Fakten vor Augen zu führen.

Bedeutsam ist die bereits von K. HELM[438] ausgeführte Beobachtung, daß, falls es die Göttin *Ostara* überhaupt gegeben habe, dieser Name entgegen früherer Vermutung nicht aus dem Altenglischen entlehnt worden sein kann. Man würde dieses sonst in der althochdeutschen Lautgestalt erkennen.[439] Es ist daher von einer Grundform **ausro* auszugehen, „urgerm. würde deren Name

[437] Die Taufe Christi, Recklinghausen 1965.
[438] HELM, Erfundene Götter, S. 10.
[439] Darauf hat auch Å. V. STRÖM, Germ. u. balt. Religion, S. 108 mit Recht hingewiesen.

**Austrō* lauten ...".[440] Einfluß der Angelsachsen wird aber auch sonst angenommen: „Die Verwendung von ahd. *ōstarun* (Bezeichnung eines heidnischen Frühjahrsfestes) für Pascha ist wohl auf den Einfluß der angelsächsischen Mission in Oberdeutschland zurückzuführen".[441] Ähnlich äußerte W. BRAUNE:[442] „Beispiele solcher verchristlichten Worte heidnischer Prägung gibt es ja genügend, von den allgemein germanischen, auch gotischen, *guþ, halja* angefangen bis zu denen, die erst in England verchristlicht wurden. Dazu rechne ich besonders auch ahd. *ôstarûn,* das vermutlich zuerst in England statt des lat. *pascha* eingeführt und von da auf uns gekommen ist". Wir werden noch sehen können, daß diese These durch eine andere Etymologie des Wortes *Ostern* unnötig wird.

Zuvor empfiehlt sich aber ein Blick in das sprachliche Material. Dieses zeigt schon früh einige Unregelmäßigkeiten. Für *Ostern* fällt in den altenglischen Belegen, die E. SIEVERS[443] aufgelistet hat, „die unregelmäßige Endung des n.-a. pl. *éastron* (statt *éastran*) auf ...", ähnlich heißt es bei W. BRAUNE:[444] „Auch im Ahd. fällt bei O[tfrid] die ständige Form *ôstoron* auf (5 mal), während beim sw. f. sonst *-ûn* die regelmäßige Endung ist." Zum Altenglischen äußerte noch R. JENTE:[445] „Im W[estsächischen] fast immer sw. Fem. und nur im Plur. gebraucht (*~on, ~an, ~un*). Im Nordh[umbrischen] kommen Sing. und Plur. Formen vor, teils undekliniert; sonst meist als st. Neutr., seltener als sw. Fem. flektiert: sg. nom., acc. *ēastro (-u), ēastra, ēostro (-u);* gen. *ēastres, ēostres;* dat. *ēastro (-u, -e);* pl. nom., acc . *ēastro (-u, -a);* gen.

[440] TRÜBNERs dt. Wörterbuch, Bd. 5, S. 38.

[441] PHILIPPSON, Germ. Heidentum, S. 166, Anm. 2.

[442] In: Beiträge zur Geschichte der deutschen Sprache und Literatur 40(1914)433.

[443] E. SIEVERS, Angelsächsische Grammatik, 3. Aufl., Halle 1898, § 278 a.4.

[444] W. BRAUNE, Beiträge zur Geschichte der deutschen Sprache und Literatur 43 (1918)410.

[445] R. JENTE, Die mythologischen Ausdrücke im altenglischen Wortschatz, Heidelberg 1921, S. 105.

ēastra (-o, -ana, -una); dat. *ēastrum*". Zum Gebrauch im Mittelenglischen vergleiche man H. KÄSMANN.[446]

E. SIEVERS bemerkte weiter unter der Rubrik „Feminina":[447] „Unregelmäßige Endung hat *éastron, -un* (seltener *-an*) Ostern, welches meist als plurale tantum erscheint: gen. *éastrena, -ana,* auch *éastran* und stark *éastra.* Neben dem schwachen *éastron* steht auch ein scheinbar starkes *éastru, éastro* mit neutraler Endung, auch findet sich ein nom. sg. *éastre.* - North[umbrisch] lautet der nom. acc. *éastro, éostro* L., *éostru, -o* R^2 (*éastran* und *éastra* R^1), gen. *éastres, éostres* L, *éastra, éostro, -ana, -una* R^2, dat. *éastræ, éastro, éostro* L, *éostrum* R^2. In L gilt das Wort für ntr. sing., in R^2 als plural (*ðis éostro* Luc. 22,15 L, *ðás éostru* R^2)".

Standardwerke belegen unser Wort im Deutschen etwa wie folgt: „ahd. *ōst(a)ra,* meist aber schon *ōst(a)run, ōst(e)ron,* mhd. *ōstir, ōster, ōster(en)*",[448] weiter wird verwiesen auf mnd. *ōsteren,* afries. *āsteron,* ags. *ēastre,* Dat. Plur. *ēastron,* engl. *easter.*

Aus den althochdeutschen Glossen von E. v. STEINMEYER und E. SIEVERS seien noch folgende Einträge angeführt:[449] *Pasca, Pascha - ostarun;* Ra. *ostargauma; Parasceuen preparatio* - Ra. *aostortaga; Azimorum - ostrono; Pascha - uuizithruunga ostra; Phase - ostra* (auch [nebengeschrieben] *Phase - pascha*); *Pascha - hostra; Pascha - ostern.*

Bedeutsam und erklärungsbedürftig ist das Auftreten als Plural: „Das Fest heißt ags. *éastre,* ahd. *ôstra,* wird aber sowohl im ags. als im ahd. meist als Plural gebraucht".[450] Wir werden darauf noch zurückkommen.

Früh begegnen Belege für den *April* als „Ostermonat":[451] ahd. *ôstarmânôth,* mhd. *ôstermânôt,* ein starkes Maskulinum,[452] schon

[446] Studien zum kirchlichen Wortschatz des Mittelenglischen 1100-1300, Tübingen 1961, S. 349-351.

[447] SIEVERS, Angelsächs. Grammatik, S. 147.

[448] TRÜBNERs dt. Wörterbuch, Bd. 5, S. 38.

[449] Die althochdeutschen Glossen, Berlin 1879-1922, Bd. I 225; IV 3,11; IV 154; IV 294.

[450] W. BRAUNE, Beiträge zur Geschichte der deutschen Sprache und Literatur 43 (1918)410.

[451] Vgl. WEINHOLD, Dt. Monatnamen.

bei Einhard als *Ôstarmânoth,*[453] weitere ahd. Belege bieten v. STEINMEYER-SIEVERS:[454] *Aprilis - Ostermanot;* Variante: *ost'-manoth; Aprilis ostermanoth vel aprelle* (Summarium Heinrici), *Aprilis ôstermanot ł abrelle.* Aufgrund des altenglischen Belegs *ēastormōnath* hatte ja - wie oben S. 8 erwähnt - Beda eine Ableitung von einer Göttin *Eostre,* westsächs. **Ēastre,* angenommen.[455]

Zur Etymologie der umstrittenen Festbezeichnung wurde schon oben S. 13ff. bei der Vorstellung des bisher kaum bestrittenen Vorschlags von J. KNOBLOCH Stellung genommen. Es ist unverkennbar, daß eine bestimmte Verbindung die gesamte bisherige Diskussion wie ein roter Faden durchzogen hat: es ist die Annahme, daß man eine Erklärung für die Bezeichnung *Ostern* nur in Kombination mit dem *Osten* (zumeist verstanden als die Himmelsrichtung der aufgehenden Sonne, des Lichtes, des Sieges über das Dunkle o.ä.) versuchen darf. Diese Prämisse ist von fast niemandem ernstlich bezweifelt worden, und so findet sich die Kombination altind. *uṣás-,* awest. *ušah-,* griech. (Homer) *ἠώς,* lat. *aurōra* „Morgenröte", germ. **austrō* in ags. *ēastre* „Frühlingsgöttin", *ēastron* Pl. „Ostern", mit idg. *-t(e)ro* in ahd. *ōstar* „östlich", lit. *aušrà* „Morgenröte", lett. *àustra* „Morgendämmerung" auch bei J. POKORNY.[456]

Aber - es sei wieder daran erinnert - diese communis opinio hatte S. GUTENBRUNNER mit dem Gedanken, *Ostern* mit *ausa* „gießen" zu verbinden (vgl. oben S. 16f.), gestört. Man nahm diesen Einfall aber nicht auf, obwohl er es verdient, ernst genommen zu werden, da - wie ich hoffe - deutlich geworden ist, daß germanische Stämme die Sitte, zu Ostern zu taufen, übernommen hatten und diese Taufe in der ersten Zeit der Mission durch dreimaliges Übergießen „im Namen des Vaters, des Sohnes und des Heiligen

---

452 SCHADE, Altdt. Wörterbuch, Bd. 1, S. 668.

453 WEINHOLD, Dt. Monatnamen, S. 5.

454 v. STEINMEYER-SIEVERS, Althdt.Glossen, Bd. 3, S. 64,205,406 u.ö.

455 Für andere sonstige abweichende Formen vgl. JENTE, Mytholog. Ausdrükke, S. 105 (mit Hinweis auf weitere Literatur).

456 J. POKORNY, Indogermanisches etymologisches Wörterbuch, Bd. 1, Bern-Frankfurt 1959, S. 87.

Geistes“ am Ufer von Flüssen, Bächen und Seen, an Quellen und Brunnen, vollzogen wurde.

Allerdings hatte sich bei der Verbindung zwischen ahd. *ôstar* „Osten“ und **austrō* „Morgenröte“ (als Basis für *Ostern*) auch aus sprachlicher Sicht ein Problem gezeigt, das einer unmittelbaren Verbindung im Wege stand: von dem Wort *Ostern* haben E. SIEVERS[457] und W. STREITBERG[458] „lat. *auster,* ahd. *ôstar* ‘Osten’ scharf getrennt: dieses ist mit dem Suffix *-tero* gebildet, während in *austrō* ‘Morgenröte’ das *t* germanische Neubildung ist“.[459] Letztlich ließ man sich aber nicht von der Meinung abbringen, daß beide Wortfamilien zu einer Wurzel gehören müßten.

Es ist nun an der Zeit, das weite Feld der kirchengeschichtlichen, theologischen, missionsgeschichtlichen und kulturgeschichtlichen Probleme zu verlassen und sich dem für das Wort *Ostern* wichtigsten Wort, dem germanischen Verb *ausa* und seiner Sippe zuzuwenden. Ich hoffe zeigen zu können, daß dieses Material bisher zu Unrecht vernachläßigt worden ist.

VI. Die germanische Sippe um anord. *ausa*

Den ersten Hinweis auf eine Zusammenstellung des germanischen Materials fand ich bei E. SEEBOLD.[460] Dort wird unter einem Ansatz AUSA- „schöpfen“ u.a. angeführt: „awn. *ausa, iós, ausenn;* acc. ‘gießen, schöpfen’; ‘überschütten’, auch ‘heidnisch taufen’; refl[exiv] ‘sich ergießen’, isl. *ausa,* n[eunorw.] *ausa,* a[ltschwed.] *øsa;* schw[ed.] *ösa,* dän. *øse*“; ferner finden sich dort die Ansätze AUS-Ā „mnd. *ōsen* ‘schöpfen’; mhd. *ōsen* ‘schöpfen’“, AUS-ŌN „awn. *ausa* ‘Schöpflöffel’“, AUS-TA- „(oder verkürzte Form zum folgenden?): awn. *aust-skota* ‘Schöpfkelle’ *aus-ker*

---

457 Beiträge zur Geschichte der deutschen Sprache und Literatur 5(1878)526.

458 Indogermanische Forschungen 4(1894)306.

459 W. BRAUNE, Beiträge zur Geschichte der deutschen Sprache und Literatur 43 (1918)411.

460 Vergleichendes und etymologisches Wörterbuch der germanischen starken Verben, The Hague-Paris 1970, S. 85.

'Schöpfkelle'", AUS-TRA-Z „awn. *austr* 'Wasser, das sich am Boden des Fahrzeugs sammelt'".

Die Sippe ist schon vor fast 100 Jahren von H. GÜNTERT[461] recht gut behandelt worden: „Auch aisl. *ausa* bedeutet 'schöpfen' und wird namentlich vom Ausschöpfen des Kielwassers gebraucht; dazu gehören die Subst. *austr* 'Schöpfen, Kielwasser', *aus-ker, austskota* 'Schöpfgefäß'; oft heißt *ausa* 'begießen' (*einn vatni*) und ist dann terminus technicus für 'Taufen' geworden. Im Neunordischen heißt das Verbum dän. *øse,* schwed. *ösa,* norw. *ausa.* Dazu gehört weiter mnd. *ôsen ..., ūt-œsen, osevat* 'Gießschaufel', mhd. *œsen, ôsen.* In süddeutschen Mundarten findet sich das Wort heute noch; freilich hat es sich mit dem lautgleichen *ösen* 'veröden' (aus **ödsen*) so verquickt, daß oft eine genaue Scheidung beider Verba nicht möglich ist. Doch vgl. man schwäb. *Öse* 'Schöpfgefäß', der *Üser* (bei Aschaffenburg) 'eine Schaufel, um Wasser aus den Schiffen zu schöpfen', schweiz. *Öserli* 'ein best. Hohlmaß' ... In der Redensart *wenn das Wasser über die Körbe geht, soll man das Schiff ösen* bedeutet das Verbum doch wohl nicht 'entleeren, verlassen', wie bei Grimm D.Wb. s.v. bemerkt, sondern es wird unser Wort sein, das ja vorzugsweise vom Ausschöpfen des Kielwassers gebraucht wird ...".

Inzwischen sind die Arbeiten an dem Wortschatz der Sprachen und Dialekte vorangeschritten und es empfiehlt sich, eine erneute Zusammenstellung des mit anord. *ausa* verwandten Sprachmaterials vorzunehmen.

1. Niederdeutsch

Recht gut bezeugt ist unsere Sippe im Niederdeutschen, vgl. mnd. *osen* schw.v. „schöpfen, ausschöpfen",[462] *ôsen, vorôsen* „ausschöpfen, ausschütten, verschütten, leer machen, wegschaf-

[461] H. GÜNTERT, Zur etymologischen Herkunft von lat. *haurīre,* Indogermanische Forschungen 32(1913)386-394, hier: S. 390.

[462] K. SCHILLER, A. LÜBBEN, Mittelniederdeutsches Wörterbuch, Bd. 3, Bremen 1878, S. 242f.; A. LÜBBEN, C. WALTHER, Mittelniederdeutsches Handwörterbuch, Leipzig 1888, S. 258.

fen", *ûtôsen* „ausschöpfen, ausschütten, wegschaffen", *ose,* auch *oose* „Schöpfgefäß, Gießer (besonders auf Schiffen)", *haustrum, ein ose, dar dat segel mit genettet werdt* ... „(Gefäß zum Ausschöpfen des Wassers aus dem Schiffe, Boote etc.)", *osevat* n. „Gefäß zum Ausschöpfen des Wassers, Gießschaufel", *oser* „Schöpfer; bes. der Solschöpfer am Sode (in der Lüneb. Saline)", *oseammer, osammer,* später erklärt als *grote ammer* „Schöpfeimer, den die Oser gebrauchen",[463] 1389 *enen osammere maken.*[464]

Wichtige Hinweise finden sich für das 18. Jh. im Bremisch-Niedersächsischen Wörterbuch: „*ose, öse* 'ein jedes Hohlgefäß, welches zum Schöpfen oder Ausgießen von Wasser oder sonstigen Feuchtigkeiten diensam ist': *osedollen, ösedollen* 'kupferne Rinnen, durch welche das Wasser vom Bord der Schiffe abläuft'",[465] *oesen, uut ösen* „das Wasser auschöpfen", *oese-vat* „ein Gefäß, womit man ausschöpfet".[466] Ähnliches bucht P. BERGHAUS[467] für das 19. Jahrhundert: *osefat, oosfatt, ösevatt, öösvatt* „eine hölzerne Schaufel, dienend, in der Schiffahrt, um die Böte vom Wasser zu entleeren bzw. das Wasser aus einem Schiff zu schöpfen", *osen, ösen* „schöpfen, schütten, gießen", *uutösen* „ausschöpfen, ausschütten, ausgießen", *verosen* „vergießen, verschütten, vergeuden".

Die Dialektwörterbücher Norddeutschlands kennen das Wort und seine Sippe auch noch recht gut. Aus Mecklenburg stammen *ösen* „mit dem *Ös'fatt* Wasser aus dem Boot schöpfen" (1890), in Zusammensetzungen auch als *up-, utösen,* weiter *ös'fatt, ös'napp* „kurzstielige Holzschaufel zum Ausschöpfen des Wassers aus dem Boot oder Kahn" (mit Abbildung).[468] Das Brandenburg-Berlinische Wörterbuch[469] führt an: *ösen* „ausschöpfen", *ösefatt, -faß, ösnapf, -napp* „hölzerne Handschaufel zum Ausschöpfen des

---

[463] K.E.H. KRAUSE, Jahrbuch des Vereins für niederdeutsche Sprachforschung 5(1879)141.

[464] Ebda., S. 111.

[465] Versuch eines bremisch-niedersächsischen Wörterbuches, Bd. 3, Bremen 1768, S. 223.

[466] Ebda., S. 274.

[467] Sprachschatz der Sassen, Bd. III, Lfg. 21, Brandenburg o.J. [1903], S. 50.

[468] Mecklenburgisches Wörterbuch, Bd. III, Neumünster 1961, Sp. 213,214.

[469] Bd. 3, Berlin 1994, Sp. 496,497.

Wassers aus dem Kahn“, auch *ötsfatt.* E. KÜCK nennt für Lüneburg[470] „*ōs'n* sw., schöpfen: in *ūt-ōs'n,* ausschöpfen, stellenw. an der Elbe; hierzu, mit Verbreiterung, *Oüs'-fatt* n., hölzerne Schippe zum Ausgießen des Regenwassers aus dem Fahrzeug; Mnd. *ōsen,* mhd. *ōsen* (germ. *au*) ... *ōser* hieß früher der Solschöpfer am Sode der Lün. Saline; *ōs(e)-ammer,* später *grôte ammer* Schöpfeimer“.

Aus Helgoland nennt F. KLUGE[471] *uâsvat* „Schöpfschaufel“, von Wangerooge J.A. SCHMELLER[472] *áufhôez* „ausschöpfen“. In Schleswig-Holstein fand O. MENSING[473] *öschen, osen* „schöpfen, ausschöpfen, besonders Wasser aus einem Boot oder Schiff, aber auch aus einem Brunnen, *ös-fatt, ösch-fatt* „hölzerne Handschaufel zum Ausschöpfen des Wassers“, *ös-karr* „Schöpfkelle“ (nach dän. *øsekar*), *ös-kell* „dass.“. Im Land Hadeln belegt H. TEUT[474] *ösen* sw. Zw. „ausschöpfen, Wasser aus dem Schiff schöpfen“, *utösen; ös'fatt* „Ösfaß, kleine kurzstielige hölzerne Wasserschaufel“, *öös'gatt* „kleine Luke im Boot zum Ausschöpfen des Wassers“.

Das Ostfriesische kennt die Sippe als *ôse* „ein Holzgefäß zum Schöpfen od. Ausgießen von Wasser oder sonstigen Flüssigkeiten“, *ôse-fat, ôs-fat* „Schöpf- oder Ausleerungsgefäß“, *ôsen* „schöpfen, schütten, gießen, bzw. ausschöpfen, ausschütten, auswerfen, ausgießen, *ûtôsen* ausschöpfen od. ausgießen, ausschütten“; *ferôsen* „verschöpfen, verschütten, vergießen, vergeuden“.[475]

[470] Lüneburger Wörterbuch, Bd. 2, Neumünster 1962, S. 489f.

[471] Seemannssprache, Halle 1911, S. 600.

[472] Bayerisches Wörterbuch, Bd. I, München 1872, Sp. 164.

[473] Schleswig-Holsteinisches Wörterbuch, Bd. 3, Neumünster 1931, S. 923.

[474] Hadeler Wörterbuch, Bd. 3, Neumünster 1959, S. 292.

[475] J. TEN DOORNKAAT KOOLMANN, Wörterbuch der ostfriesischen Sprache, Bd. 2, Norden 1880, S. 688.

2. Hochdeutsch

Im Hochdeutschen kam es zu einer Vermischung mit *ô(d)sen* „zerstören“, eigentlich „leer machen, öde machen, vernichten“[476]. Eine saubere Trennung ist nicht immer möglich.

Das Deutsche Wörterbuch bucht hdt. *eusel* „haustrum, Schöpfrad, Eimer, Schaufel, das Wasser aus dem Schiff zu schöpfen“, und verbindet es mit dem „alten *ausen, ösen, haurire* usw.“.[477] Es findet sich auch in der Seemannssprache: *ösel* „Schaufel zum Schöpfen.“[478]

Aus dem mittelhochdeutschen Sprachschatz nenne ich *œse, ôse* „mache leer, schöpfe aus, schütte aus, tilge“, *erœse* „ausschöpfen, leer machen“, *verœse* (das wohl eher zu *öde machen* gehört) „mache leer, vernichte, verderbe, verwüste.[479] M. LEXER[480] führt an: „*œsen, ôsen* swv. ... leer machen, ausschöpfen ... *unde wir niht ôsen wol, unser schif werde ünden voll;* veröden, verwüsten, *vastare ... er œset manig cristenlant;* leer, frei machen, lösen; mit *ûʒ-, er-, ver-*“ und etymologisiert nur teilweise richtig: „zu *œde*, wie aus ahd. *ôdsâri* neben *ôsari,* depopulator (Graff 1,151) sich noch deutlich ergibt“.

Neuhochdeutsche Dialekte bezeugen das uns interessierende Wort ebenfalls. Aus Thüringen fand ich „*ös* in der Sprache der Elbschiffer ‘Zwischenraum zwischen den Bänken, wo sich Wasser sammeln kann’, auch ‘tiefste Stelle des Kahnes’, *ösnapf* m. ‘Gefäß zum Ausschaufeln des Wassers aus dem Kahn’, *Össchippe* ‘dass.’ (aber kleiner als der Ösnapf) (Schiffersprache)“.[481]

---

[476] Man vergleiche dazu Hj. FALK, A. TORP, Norwegisch-Dänisches etymologisches Wörterbuch, Bd. 2, 2. Auflage, Bergen-Heidelberg 1960, S. 1416; J. SPLETT, Althochdeutsches Wörterbuch, Bd. I,1, Berlin - New York 1993, S. 689.

[477] J. u. W. GRIMM, Deutsches Wörterbuch, Bd. 3, Nachdruck München 1984, Sp. 1187.

[478] KLUGE, Seemannssprache, S. 600.

[479] W. MÜLLER, F. ZARNCKE, Mittelhochdeutsches Wörterbuch, Bd. II, Teil 1, Neudruck Leipzig 1913, S. 447.

[480] Mittelhochdeutsches Handwörterbuch, Bd. 2, Stuttgart 1974, S. 174f.

[481] Thüringisches Wörterbuch, Bd. IV, Berlin 1974, Sp. 973,974.

Das Material aus Bayern ist nicht mehr eindeutig. Belege aus dem verbalen Bereich wie *œsen, erœsen, verœsen, œsigen, abœsigen, ausœsigen, verœsigen* „leer machen, aufbrausen, erschöpfen“[482] gehören eher zur Sippe um deutsch *öde, veröden,* dagegen *üser* „eine Art Schaufel, um das Wasser aus Schiffen zu schöpfen“[483] in die Gruppe um *ausa(n)* „schöpfen, ausgießen“.

Gut bezeugt ist die uns interessierende Wortgruppe im Rheinland: „*üse* ..., mnd. *öse* ‘Schöpfgefäß’ entsprechend, ist Rhfrk., Mosfrk., Rip. ... bezeugt ... ‘Wurfschaufel ... aus Holz od. Blech zum Ausschöpfen des in den Kahn od. ins Schiff eingesickerten Wassers ...; hölzerne Schaufel, zum Ausschöpfen des Braukessels; Schöpfgerät des Küfers, bei der Weinbereitung ...; Wurfschaufel, zum Umschaufeln der Körnerfrucht ...’, *usen* ‘das nach langem Regen hinter dem Hause auf dem Hofraum stehende Wasser mit Eimern mit langem Stiel in eine Rinne am Torweg schöpfen‘, *ususen* ‘Wasser aus dem Kahn schöpfen‘, *üs-fass, üs-pumpe* ‘Jauchepumpe’“. [484]

Auch in Schwaben sind Spuren zu belegen: *öse* „Schöpf-Gefäß, Schöpfeimer“,[485] *ösen* schw. „eig. ausleeren, erschöpfen“.[486] Schon fraglich ist die Zugehörigkeit von *er-ösen* „erschöpfen, entleeren; mit versch. Objj.“.[487]

Das Frankfurter Wörterbuch[488] bucht mua. *ösen* „leer machen, hier nur mit Präfix: verwüsten, zerstören“ und verweist auf mhd. *ôsen, œsen* = öd machen. Die Zugehörigkeit ist fraglich, offensichtlich hat dt. *öd(e)* eingewirkt. Besser steht es mit mua. (Frankfurt/Main) *Ihrscht* „hölzerne Handschaufel zum Wasserschöpfen im Nachen, Löffel als Schaufel“. Dazu bietet das Frankfurter Wörterbuch[489] die Bemerkung: „Der Fischer Klein behauptet, die bayerischen Fischer sagten für *Ihrscht* auch *Öser, Üser* - eine Art

---

[482] SCHMELLER, Bayer. Wörterbuch, Bd. 1, Sp. 164.
[483] Ebda.
[484] Rheinisches Wörterbuch, Bd. 9, Berlin 1964-71, S. 81.
[485] SCHMELLER, Bayer. Wörterbuch, Bd. 1, Sp. 164; J. und W. GRIMM, Dt. Wörterbuch, Bd. 13, Sp. 1368.
[486] Schwäbisches Wörterbuch, Bd. 5, Tübingen 1920, S. 90.
[487] Ebda., Bd. 2, S. 831.
[488] 11. Lfg., Frankfurt/M. 1981, S. 2240.
[489] 7. Lfg., Frankfurt/M. 1977, S. 1301.

Schaufel, um das Wasser aus den Schiffen zu schöpfen“ (nach Rauh, 1941)“. Auf dieses Wort weist auch J. KEHREIN[490] mit den Worten hin: *„Erst, Erscht, Ihrscht* (rhein.), hölzerne Wurfschaufel; bei den Rheinschiffern eine solche von besonderer Form zum Ausschöpfen des Wassers aus dem Nachen, rhein. *Erst,* unterrhein. *Est,* mit dem im Nd. vorkommenden Ausfall des *r*“.

Aus Schlesien habe ich nur gefunden *ösen* „leer machen“,[491] wobei nicht klar wird, ob es zur Sippe um *ausa(n)* oder zu *odi* „öde“ gehört.

Auch die Belege aus der Schweiz sind zweifelhaft; bei *ösen* „leeren, ausschöpfen, aufzehren“ verweist das Schweizerische Idiotikon[492] zur Etymologie auf *oede, erösen* „entleeren, erschöpfen (einen Vorrat, die Kräfte), erschöpfen (im guten Sinn), ausrotten, vertilgen, verwüsten, zerstören, befreien“ und damit wohl nicht auf einen Zusammenhang mit *ausa(n).*

Das Schwanken der Zuweisung ist aber auf den süddeutschen Raum beschränkt. Weder im Niederdeutschen noch im Friesischen, zu dem jetzt übergegangen werden soll, ist die Zuordnung fraglich.

3. Friesisch

Dem niederländischen *hoozen, oozen* (s.u.) entspricht altfriesisch *âza* „hoozen, oozen, scheppen“,[493] friesisch *eaze,* auch *aͤzje,*[494] westfriesisch *ease,*[495] nordfriesisch *eaze*[496] und *ûze* 1. „schöpfen, schöpfe das Wasser aus dem Boot“; 2. „in Strömen niedergehen, es gießet (vom Regen)“, z.B. in *ytûze* „ausschöp-

[490] Volkssprache und Volkssitte in Nassau, Bd. 1, Bonn 1872, S. 130.

[491] W. MITZKA, Schlesisches Wörterbuch, Bd. 2, Berlin 1963, S. 954.

[492] Bd. I, Frauenfeld 1881, Sp. 548f.

[493] G.A. NAUTA, Oudfriesche Woordenlijst, Haarlem 1926, S. 4.

[494] W. DIJKSTRA, Friesch Woordenboek, Bd. 1, Leeuwarden 1900, S. 319.

[495] J. TEN DOORNKAAT KOOLMANN, Wörterbuch der ostfriesischen Sprache, Bd. 2, Norden 1880, S. 688.

[496] Woordenboek der nederlandsche taal, Bd. 6, ‘s-Gravenhage-Leiden 1912, Sp. 1106.

fen", auch belegt als *ôze* „schöpfen, rinnen, strömen (vom Regen)", *ûzfârt* „Schöpfgefäß für Kähne",[497] saterfriesisch *oozje* „ausschöpfen",[498] halligfriesisch *uase* „schöpfen (Flüssigkeit)".[499]

4. Niederländisch

Das Mittelniederländische kannte ein Verbum *osen, oosen* „scheppen, uitscheppen, leegscheppen, begieten, besproien", „natgooien, met water begieten", z.B. *water oosen,*[500] ferner Substantiva wie *osepot (oos-)* „Waterketel", *oser* „Wasserschöpfer, -gießer", *osevat (hose-, oos-, ois-, oost-),* auch dial. *oosvat, oisvat* „Schöpflöffel", [501] *ose, oose, oese, ooze* „Bezeichnung aus der Salzsiederei",[502] mittelfläm. *oose(n), oosvatt* „Schöpf- oder Ausleerungsgefäß".[503]

Moderne Mundarten bieten das Verb in verschiedenen Varianten, darunter mit einem noch nicht sicher geklärten[504] *h*-Vorschlag als *hoozen,* älter *oozen,*[505] dial. *eeuzen, eeusschen, huëzen,* nordbrabant. *êûzen,* vereinzelt auch *woozen,*[506] ferner dial. *euzn̥k,*

---

[497] P. JENSEN, Wörterbuch der nordfriesischen Sprache der Wiedingharde, Neumünster 1927, S. 410,665f.

[498] M.C. FORT, Saterfriesisches Wörterbuch, Hamburg 1980, S. 141.

[499] J. LORENZEN, Deutsch-halligfriesisch. Ein Wörterbuch, Bredstedt 1977, S. 93.

[500] E. VERWIJS, J. VERDAM, Middelnederlandsch Woordenboek, Bd. 5, 's-Gravenhage 1903, Sp. 2020f.; J. VERDAM, Middelnederlandsch Handwoordenboek, 's-Graven-hage 1981, S. 446.

[501] VERWIJS-VERDAM, Middelned. Woordenboek, Bd. 5, Sp. 2022; VERDAM, Middelned. Handwoordenboek, S. 446.

[502] VERDAM, Middelned. Handwoordenboek, S. 446.

[503] TEN DOORNKAAT KOOLMANN, Wörterbuch d. ostfries. Sprache, Bd. 2, S. 688.

[504] Woordenboek d. nederl. taal, Bd. 6, Sp. 1106. Nach GÜNTERT, Herkunft, S.391 wie bei lat. *haurīre* durch ähnliche, mit *h-* beginnende Wörter hervorgerufen, vgl. ndl. dial. *hoze* „röhrenförmiges Gefäß". Ebenso erklärt von FALK-TORP, Norw.-Dän. etym. Wörterbuch, Bd. 2, S. 1423.

[505] Woordenboek d. nederl. taal, Bd. 6, Sp. 1106.

[506] Ebda.

heuzə, euzen, huezen, hoozen, ôzn̥;[507] als Bedeutung wird u.a. angegeben[508] „Wasser aus einem Boot schöpfen; Wasser abpumpen; mit Wasser begießen; *Wijwater hoozen* [kursiv von mir, J.U.]. In Ableitungen fand ich es als *hoosbak, -gat, -vat, hoospomp, hoosvat* „ein Schöpf- oder Ausleerungsgefäß".

5. Nordgermanisch

Das Altnordische ist schon verschiedentlich erwähnt worden. Es bietet *ausa* „schöpfen" mit den Flexionsformen *iós, iósom, iusom, ausenn,*[509] auch „schöpfen, gießen, werfen; ausschlagen",[510] vor allem als *ausa vatni* „heidnisch taufen" (s. oben S. 25ff.).

Dazu gehört[511] eine *-r*-Ableitung (zu den Einzelheiten s.u.) *austr* „das Schöpfen, Schiffsbodenwasser; das Wasser am Boden des Fahrzeugs", „das Schöpfen des ins Schiff gelaufenen Wassers" (*hann gékk frá austri* „er ging weg vom Schiff weg, hörte auf zu schöpfen"), „das Kielwasser",[512] eigentlich „das Auszuschöpfende".[513]

Man beachte ferner *ausker* Schöpfgefäß,[514] *ėysil-l* „kleiner Schöpfer, kleine Schöpfkelle",[515] *austr-biti,* m. „der am Schöpfraum im Schiffe befindl. Querbalken", *austr-rúm* n. „Schöpfraum im Schiffe".[516]

---

507 FRANCK's Etymologisch Woordenboek der nederlandsche taal, 2. Aufl., bearb. v. N. van Wijk, 's-Gravenhage 1912, S. 262.

508 Ebda., Sp. 1106f.

509 A. NOREEN, Altisländische und Altnorwegische Grammatik [Laut- u. Flexionsbd.], Halle 1923, S. 338.

510 F. HOLTHAUSEN, Wörterbuch des Altwestnordischen, Göttingen 1948, S. 9.

511 J. FRITZNER, Ordbog over det gamle norske Sprog, Bd. 1, Kristiania 1886, S. 101.

512 Th. MÖBIUS, Altnordisches Glossar, Leipzig 1866, S. 26.

513 DE VRIES, Altnord. etym. Wörterbuch, S. 21.

514 Ebda.

515 HOLTHAUSEN, Wörterbuch d. Altwestnordischen, S. 54; DE VRIES, Altnord. etym. Wörterbuch, S. 108.

516 MÖBIUS, Altnord. Glossar, S. 26.

6. Isländisch

Nordisch *jysi* „to sprinkle, to pour out“ ist entlehnt in die Shetland-Dialekte als *ous,* auch als *ouskerri* < *aus-ker,* und *auskerrie* „a scoop“,[517] ferner als *austurker* Schöpfgefäß,[518] *uster* „das Ausschöpfen“. In die Dialekte der Orkland-Inseln gelangte es in der Form *owse-room* (aus *ausstrúm*)“.[519] Aus dem Isländischen nenne ich noch „*austr, rs* and *rar,* m. [ausa], *the act of drawing water* in buckets, *pumping;* standa í austri, to toil bard at the pump; auch *the water pumped* or *to be bumped, bilge water*“,[520] *eysill* m. Löffel, auch als Beiname[521] und *austur* „das Wasser am Boden des Fahrzeugs“, eigentlich „das Auszuschöpfende“.[522]

7. Färöisch

Hier erscheint das Verb als *oysa,* nach DE VRIES[523] ist ferner belegt *eyskar* „Schöpfgefäß“ und *eystur* „das Wasser am Boden des Fahrzeugs“, eigentlich „das Auszuschöpfende“.

8. Schwedisch

Vergleichsmaterial findet sich bei E. Hellquist[524] und anderen: schwed. *ösa,* dial. *hösa, hausa*[525] „schöpfen“, auch *öskar* „Schöpfkelle“, altschwedisch *ösa.*[526]

---

[517] R. CLEASBY, G. VIGFUSSON, An Icelandic-English dictionary, 2. Aufl., Oxford 1957, S. 35.

[518] DE VRIES, Altnord. etym. Wörterbuch, S. 21.

[519] Ebda.

[520] CLEASBY-VIGFUSSON, Icelandic-English dictionary, S. 35.

[521] A. JÓHANNESSON, Isländisches etymologisches Wörterbuch, Bern 1956, S. 12.

[522] DE VRIES, Altnord. etym. Wörterbuch, S. 21.

[523] Ebda.

[524] Svensk etymologisk ordbok, Bd. 2, Lund 1939, S. 1468.

[525] Zum *h*-Vorschlag vgl. FALK-TORP, Norw.-Dän. etym. Wörterbuch, Bd. 2, S. 1423.

[526] DE VRIES, Altnord. etym. Wörterbuch, S. 21.

9. Dänisch

Hier anzuschließen ist dän. *øse* „starker Regenfall, Schauer; Regenguß“,[527] auch in der Verbindung *øse vand* „Wasser gießen,“[528] ferner *øsekar* „Schöpfkelle“. Im Altdänischen ist *øse* bezeugt.[529]

10. Norwegisch

Das Norwegische kennt das Verbum als *øse* „leeren, pumpen; *begießen (bei der Taufzeremonie* [kursiv von mir, J.U.], auch *overøse,*[530] *ause (= øse*) „(aus)schöp-fen, (aus)löffeln, schöpfen, Nutzen ziehen, gießen, ausgießen, (aus)-schütten, strömen, fließen, niederstürzen, herabfallen“,[531] weiter in den Substantiven *øsefat, øsekar; øserum, öseskovl* „kleiner øsekar“, *ausekar* „(hölzernes) Schöpfgefäß, Ösfaß“; *ausel* „Schöpfgefäß“;[532] *ausfat* „Schöpfeimer“, *auskar* „Schöpfeimer“, *auskjer Schöpfgefäß,*[533] *ause* „Kelle, Schöpflöffel, Schöpfgefäß“,[534] *øysle* „kleine Schöpfkelle“.[535]

Für unsere Frage bedeutsam ist die Ableitung *auster* „das Leerschöpfen des Bootes; das auszuschöpfende Wasser“,[536] eigentlich „das Auszuschöpfende“,[537] schon altnorwegisch *austr* „das aus

[527] Ordbog over det danske sprog, Bd. 27, København 1954, Sp. 1706, 1710.
[528] Ebda., Sp. 1708.
[529] Ordbok til det ældre danske sprog (1300-1700), Bd. 5, København 1908-1918, S. 1208.
[530] Norsk Riksmålsordbok, Bd. 2, Oslo 1957, Sp. 4260.
[531] T. HUSTAD, Großes norwegisch-deutsches Wörterbuch, Oslo usw. 1979, S. 24.
[532] Dazu HOLTHAUSEN, Wörterbuch d. Altwestnordischen, S. 54.
[533] Norsk Riksmålsordbok, Bd. 2, Sp. 4260; HUSTAD, Wörterbuch, S. 24.
[534] HUSTAD, Wörterbuch, S. 24.
[535] DE VRIES, Altnord. etym. Wörterbuch, Leiden 1961, S. 108; JÓHANNESSON, Isländ. etym. Wörterbuch, S. 12.
[536] HUSTAD, Wörterbuch, S. 25.
[537] DE VRIES, Altnord. etym. Wörterbuch, S. 21.

dem Boot auszuschöpfende Wasser".[538] Aus dem Nordischen sind einzelne Wörter der Sippe in das Finnische und Lappische entlehnt.

11. Lappisch

Aus dieser finnisch-ugrischen Sprache kann *avsa* „Schöpfkelle" angeführt werden,[539] man beachte ferner lappisch *auskari,* auch *aw'skar, haw'skar, hawsker* „Bootschelle, -schaufel".[540]

12. Finnisch

In das Finnische gelangte unser Wort als *austi, ousti, öysti* „Stelle im Boot, an der sich das auszuschöpfende Wasser sammelt", *auskari, äyskäri, öyskäri* „Schöpfkelle usw." bzw. *austi, öysti.*[541]

13. Estnisch

Hierher gehört ebenfalls als Entlehnung aus dem Nordgermanischen estn. *hauskar* „Schaufel, um Wasser aus dem Boote auszuwerfen", auch „Schöpfkelle", veraltet *hausk* „dass.", dial. *hauster, -ri, ausker, auster,* wie auch estn. *hauśti* > *heiste* (Zusammensetzungen mit *vesi* „Wasser") „der Raum im Boote, wo sich das auszuschöpfende Wasser sammelt".[542]

---

538 FRITZNER, Ordbog, Bd. 1, S. 101.

539 Nach QVIGSTAD angeführt von DE VRIES, Altnord. etym. Wörterbuch, S. 21.

540 J. MÄGISTE, Estnisches etymologisches Wörterbuch, Bd. 1, Helsinki 1983, S. 310 (mit weiteren Literaturhinweisen).

541 Suomen kielen etymologinen sanakirja, Bd. I, Helsinki 1955, S. 30; MÄGISTE, Estn. etym. Wörterbuch, Bd. 1, S. 310; DE VRIES, Altnord. etym. Wörterbuch, S. 21; E.N. SETÄLA, Finnisch-Ugrische Forschungen 13(1912)359.

542 MÄGISTE, Estn. etym. Wörterbuch, Bd. 1, S. 310.

14. Englisch

Das Englische kennt das Wort nur noch rudimentär. Notiert habe ich aus dem Altenglischen *éase* „Becher“.[543] Neuenglische Dialekte kennen es nur noch als eine Entlehnung aus dem Nordischen in der Form *ouse* „to empty out liquid, to bale out a boat“, auch *ouskerry, howskelly, howskilly* „the utensil for baling out of a boat“.[544]

15. Etymologie

Die gut bezeugte Sippe im Germanischen, angefangen bei altnord. *ausa* (und den zahlreichen Belegen im Nordischen), über mhd. *œsen,* neuhdt. *ösen* bis hin zu den zahlreichen Belegen des Niederdeutschen und Niederländischen und den nordgermanischen Entlehnungen in das Lappische, Finnische und Estnische, kann man guten Gewissens als fest verankert im Germanischen bezeichnen. Auszugehen ist von einem Ansatz **aus-a-* mit einer wohl recht sicher zu fassenden Grundbedeutung „schöpfen“, wahrscheinlich sogar einzuengen auf „Wasser schöpfen“.

Die etymologischen Anknüpfungen an außergermanisches Matieral sind bei allen Autoren[545] gleich: ausgehend von einer verbalen Grundlage *aus-* wird lat. *hauriō, hausī, haus-tum, -īre* „schöpfen“ (mit sekundärem *h-*) und griech. *αὔω* „hole Feuer“, *ἐναύω* „hole Feuer, hole Wasser“ herangezogen. „Dabei macht [allerdings] im Griechischen die Bedeutung, im Lateinischen der unfeste Lautstand etwas Schwierigkeiten“.[546] Das erschüttert aber die germanische Grundlage nicht, die im Gegenteil durch eine im Altnordischen und in den nordgermanischen Sprachen aufschei-

[543] HOLTHAUSEN, Wörterbuch d. Altwestnordischen, S. 9; DE VRIES, Altnord. etym. Wörterbuch, S. 21.

[544] P. THORSON, Anglo-Norse Studies, Amsterdam 1936, S. 38; DE VRIES, Altnord. etym. Wörterbuch, S. 21.

[545] Ich verzichte hier auf eine detaillierte Auflistung der entsprechenden Stellen. Hinweisen möchte ich nur auf GÜNTERT, Herkunft.

[546] SEEBOLD, Vergl. u. etym. Wörterbuch, S. 85.

nende altertümliche Bildung einen Lautwandel zu erkennen gibt, der zu den ältesten der germanischen Sprachgruppe gehört.

Gemeint ist die nur in den nordgermanischen Sprachen und Dialekten belegte Bildung *austr* (*uster, austur, eystur*) „Wasser, das sich am Boden des Fahrzeugs sammelt; das Schöpfen; das Kielwasser; Schiffsbodenwasser; das Schöpfen des ins Schiff gelaufenen Wassers“, eigentlich „das Auszuschöpfende“.[547]

Diese Bildung ist zum Teil falsch beurteilt worden. S. GUTENBRUNNER, der bisher als einziger eine Verbindung zwischen *ausa* und *Ostern* erwogen hat, vermutete eine „*tr*-Ableitung von *ausa* ‘schöpfen’, altn. *austr,* nur in der Bedeutung ‘das - auszuschöpfende - Wasser im Schiff’ belegt, aber die *tro*-Bildung ist seit alters in Gerätenamen und Abstraktbezeichnungen ... daheim: in Abstrakten (‘Das Schöpfen’) und in Nomina agentis (Gerätbezeichnungen, ‘das Schöpfgefäß’)“.[548]

Er hatte übersehen, daß man die Bildung schon längst anders erklärt hatte: „Nicht Endung, sondern dem Stamme gehörig und daher in der Flexion durchgehend ist *-r* in ..., *austr* schöpfen ...“.[549] Dem folgten E. HELLQUIST[550] und andere. Entsprechende, mit *-r-* gestaltete Ableitungen sind u.a. *Otter* (zu einem idg. Wasserwort), *Finger, Eiter, Feder* u.a., lit. *aušrà* „Morgenröte“ (zu einer Wurzel „leuchten“), lat. *imber* „Regen“. Beliebt ist diese Bildung im Bereich der Adjektiva: lat. *ruber,* dt. *munter, wacker, bitter, tapfer* u.a.m.

Die lautliche Besonderheit der germanischen Bildung *austr-* liegt darin, daß man von einer Grundform **aus-r-* auszugehen hat und sich in dieser - regelgerecht[551] - durch Einschub eines *-t-* ursprüngliches **-sr-* in *-str-* verwandelte, kurz: *-sr-* > *-str-*. Parallelen liegen etwa vor in idg. **sreu̯-* „fließen“, altind. *srávati* „er fließt“ gegenüber ahd. *stroum,* dt. *Strom; *su̯esr-* „Schwester“ (aind. *svasar-*) gegenüber got. *swistar (*-str-),* dt. *Schwester*

[547] Vgl. JÓHANNESSON, Isländ. etym. Wörterbuch, S. 12.
[548] GUTENBRUNNER, Ostern, S. 127.
[549] NOREEN, Altisl. u. Altnorw. Grammatik, S. 249.
[550] HELLQUIST, Svensk etym. ordbok, Bd. 2, S. 1468.
[551] Vgl. H. KRAHE, W. MEID, Germanische Sprachwissenschaft, Bd. I, Berlin 1969, S. 111.

(-str-)* und auch bei *-r*-Bildungen wie in mnl. *deemster,* ahd. *dinstar* „finster", germ. **þim(i)stra-* gegenüber idg. **temesro-* und aind. *támas-* „Finsternis" sowie *Nüster(n),* ndt. *nuster* aus **nus-r-* (Umbildung von **uns-r-* < **n̥s-r-*) zu ahd. *nasa* „Nase", entsprechend aksl. *nozdri* „Nasenlöcher", lit. *nasrai* Pl. „Rachen".

Diese alte Lautentwicklung erfaßte das Germanische, Slavische, Thrakische, Illyrische und teilweise auch das Baltische, besitzt also hohes Alter. Die germanische Bildung *austr-* gehört daher zu einer alten, ja ältesten Schicht germanischer Wörter und darf auch für das Gemein- oder Urgermanische angesetzt werden.

Aufgrund der Beleglage innerhalb des Germanischen hat es den Anschein, als lägen die *-r*-Bildungen ausschließlich im Norden (*austr* usw.) vor. Solange man der Ansicht war, daß sich das Germanische auch dort entfaltet habe, ergibt sich daraus kein Widerspruch. Aber eine Durchsicht der Gewässer- und Ortsnamen (gerade auch bei den *-r*-Bildungen)[552] gibt Anlaß zum Überdenken bisheriger Positionen. Verbindet man nun nordisch *ausa, austr* und dt. dial. *ösen* usw. mit dt. *Ostern* und englisch[553] *easter,* dann hat auch das Kontinentalgermanische Anteil an der Streuung. Aber das Vorkommen reicht wahrscheinlich über das Nord- und Westgermanische hinaus noch weiter, denn selbst in dem schlecht bezeugten Ostgermanischen findet sich eine Entsprechung, allerdings nicht im Wortschatz, sondern in den Namen, im „Friedhof der Wörter" (s. unten S. 117f.).

Eine kurze Bemerkung verdient noch die Lautstruktur *-ster-* in *Ostern.* Ursprünglich setzt man - gleichgültig, von welcher Grundlage man ausgeht - eine Lautfolge *-str-* an, genau so wie etwa im Fall der *Auster,* die auf **ostr-* „harte Schale" zurückgeführt wird und wie in vielen anderen Wörtern, so etwa auch in *Otter, Wasser, Vogel.* Durch Entfaltung eines Sproßvokals entstanden dann die neuhochdeutschen Formen.

---

[552] Vgl. J. Udolph, Namenkundliche Studien zum Germanenproblem, Berlin - New York 1994; zu den *-r*-Bildungen S. 169-199.

[553] Zur kontinentalen Herkunft der germanischen Siedler Englands vgl. J. Udolph, Die Landnahme Englands durch germanische Stämme im Lichte der Ortsnamen. In: Nordwestgermanisch (Reallexikon d. Germanischen Altertumskunde, Erg.-Bd. 13), Berlin-New York 1995, S. 223-270.

VII. Das Wort *Ostern*: ein alter Plural

Für eine zufriedenstellende Deutung des Wortes *Ostern* ist die Erkenntnis, daß sich darin eine alte *-r*-Bildung verbirgt, ebenso bedeutsam wie die Tatsache, daß das Wort auf einem alten Plural basiert: „Am auffallendsten ... ist der Gebrauch des Plurals".[554] Man ist sich darin einig: „Das Fest heißt ags. *éastre,* ahd. *ôstra,* wird aber sowohl im ags. als im ahd. meist als Plural gebraucht",[555] „*Ostern* ist (wie *Pfingsten* und *Weihnachten*) ein erstarrter Dat. Plur. mhd. *ze den ōstern*",[556] „die allgemein übliche Form ist im Althochdeutschen *ôst(a)rûn* plur., der Singular *ôstra* bleibt selten"[557]; zur pluralischen Verwendung des altenglischen Wortes vgl. z.B. K. BRUNNER[558]. Die Pluralform zeigt sich auch - und das ist nicht zu unterschätzen (vgl. unten S. 105ff.) - im Polabischen, Sorbischen und Kaschubischen, wohin das Wort entlehnt worden ist:[559] kaschub. *jastré* Nom. pl. ‚Ostern', niedersorb. *jatšy, vjatšy,* obersorb. *jutry* plur. „dass.".

Wie hat man die pluralische Verwendung bisher erklärt? J. KNOBLOCH, der an eine Übernahme des lateinischen *alba* „Morgenröte" dachte, argumentiert:[560] „Weiters fällt auf, daß das germanische Wort sich von der lat. Vorlage durch das häufige Auftreten des Plurals unterscheidet, was beim Festesnamen durch den Hinweis auf die längere Dauer des Festes erklärt wurde; dennoch bleibt auffällig, daß auch in der singularischen Bedeutung des Osterlammes der Plural eintritt: *giu ostrun unsar christ ist* iam pascha nostrum Christus est ... So wird man sich nach einer anderen lateinischen Vorlage umzusehen haben, die den Plural des

---

[554] HELM, Altgerm. Religionsgeschichte, Bd. 2, S. 279.

[555] W. BRAUNE, Beiträge zur Geschichte der deutschen Sprache und Literatur 43 (1918)410.

[556] TRÜBNERS dt. Wörterbuch, Bd. 5, S. 38.

[557] G. MÜLLER, Th. FRINGS, Germania Romana II, Halle 1968, S. 361f. mit ausführlicher Auflistung der Belegstellen.

[558] Altenglische Grammatik, 3. Aufl., Tübingen 1965, § 278, Anm. 3.

[559] S. unten S. 94ff.

[560] KNOBLOCH, Ursprung, S. 35.

germanischen Wortes bedingt hat". Diese ist aber bisher nicht gefunden worden.

Daß die *Dauer des Osterfestes* (zu Bedas Zeiten in England eine Woche, ähnlich wie in Deutschland, zumindestens aber drei Tage[561]) den Ausschlag gegeben haben soll, ist sehr unwahrscheinlich. Nach K. HELM wird man den Plural „doch kaum daraus herleiten können, daß das christliche Osterfest zwei Tage umfaßte. Auch bei Weihnachten rührt der Plural nicht von der Zweiheit der christlichen Festtage her, sondern aus der vorchristlichen Bedeutung der Festzeit".[562]

Als Folgerung ergab sich daraus für J. Knobloch:[563] es „handelt sich ... um die Pluralisierung als Folge der täglichen Wiederkehr des Morgenrots ...". Das ist - so denke ich - alles andere als überzeugend.

Den Kern traf m.E. K. HELM mit seiner Bemerkung, der Plural zwinge „zu der Überlegung, ob das Wort von einer namengebenden Gestalt oder von einer Mehrheit herzuleiten ist".[564] Da eine namengebende Gestalt ausscheidet (keiner der Monatsnamen ist nach einer Göttin oder dergleichen benannt worden), bleibt nur eine Vielheit oder Mehrheit, die den Ausschlag gegeben haben kann.

Wie schon aus den bisherigen Ausführungen ersichtlich geworden ist, halte ich es für sehr wahrscheinlich, daß in dem Wort *Ostern* das germanische Verbum *ausa* mit seiner *-r*-Bildung in *austr* „das Schöpfen, Ausgießen usw." verborgen ist. Dazu paßt auch die Verwendung vornehmlich in pluraler Form.

Der Grund liegt in dem seit frühester Zeit und bis heute andauernden Ritus[565], die Taufe in drei Handlungen (bei der Übergießmethode verbunden mit einem entsprechenden Wasserguß) durchzuführen. Auch nicht praktizierenden Christen ist diese Formel geläufig: „Ich taufe Dich im Namen des Vaters, des Soh-

---

[561] KNOBLOCH, Ursprung, S. 37 mit weiteren Ausführungen.

[562] HELM, Erfundene Götter, S. 11.

[563] KNOBLOCH, Ursprung, S. 30.

[564] HELM, Erfundene Götter, S. 10.

[565] Vgl. etwa KRETSCHMAR, Taufgottesdienst, S. 36 und ANGENENDT, Kaiserherrschaft, S. 26f.

nes und des Heiligen Geistes". Diese Dreiheit findet sich überall, wenn auch zum Teil unterschiedlich begründet: „Die Dreigliedrigkeit des Taufbekenntnisses - das Bekenntnis des Glaubens an den Vater, an den Sohn, an den Heiligen Geist - hat eine Geschichte, die weit vor die erste uns überkommende Formulierung ... zurückreicht".[566] Hinweise auf die Verhältnisse im alten Rom[567] bestätigen dieses. Im 4. Jahrhundert, einem für die Christianisierung germanischer Stämme wichtigen Zeitabschnitt, ist das „Bekenntnis ... dreigliedrig, der Wasserritus entsprechend dreifach".[568] Man vergleiche die damit völlig übereinstimmenden Ausführungen bei J.C.W. AUGUSTI,[569] J.W.H. HÖFLING[570] und anderen. Es gab und gibt kaum Abweichungen[571]. Ein Beispiel aus der karolingischen Zeit: „In der Taufordnung des Anhangs zum Gregorianum ist der Gebrauch der Taufformen *ich taufe dich im Namen des Vaters und des Sohnes und des Heiligen Geistes* zu den drei Tauchungen fest verankert".[572]

Zieht man die oben angesprochene Verbindung zwischen *Ostern* (= „Taufe, Tauftermin, Taufzeit") und germ. *austr* „Begießen" (oder besser: „dreimal begießen") in Betracht, so löst sich das Problem der pluralischen Verwendung wie von selbst. Auch die gelegentlich singular auftretenden Formen finden hier ihre Erklärung: die Benennung kann sich auch - zunächst und überwiegend - auf das mehrmalige Übergießen bei der Taufe beziehen oder auf die Handlung allgemein, ohne die Einzelheiten ins Auge zu fassen.

Mit diesen Gedanken gelingt - so meine ich wenigstens - eine erste zufriedenstellende Lösung für die urspünglich pluralische Form des Wortes *Ostern.* Diese findet sogar eine Stütze in der griechischen Parallelbenennung. In seinem großen und nach wie

---

[566] KLEINHEYER, Sakramentliche Feiern I, S. 47 mit weiteren Ausführungen.

[567] KRETSCHMAR, Taufgottesdienst, S. 257.

[568] JILEK, in: Handbuch der Liturgik, S. 304.

[569] AUGUSTI, Denkwürdigkeiten, Bd. 7, S. 220ff.

[570] HÖFLING, Sacrament, Bd. 1, S. 53ff.

[571] Zu den Abweichungen in Spanien: GLAUE, Geschichte der Taufe, T. 2, S. 14ff.

[572] KRETSCHMAR, Taufgottesdienst, S. 322.

vor beeindruckenden Werk über die Taufe von J.C.W. AUGUSTI hat dieser zunächst eine gute Übersicht über Bezeichnungen der Taufe (über *baptizo* usw.) zusammengestellt[573] und dabei, fast nebensächlich, bemerkt: „Dagegen finden wir βαπτισμός, *besonders aber in der mehrfachen Zahl* [kursiv von mir, J.U.], von jeder Art der Abwaschung, wie Marc. VII,4,8 u.a.. Auch Hebr. IX,10 u. VI,2 dürften βαπτισμοι eher gewöhnliche Lotionen als religiöse Handlungen sein“.[574]

Es zeigt sich hier recht deutlich, daß die plurale Verwendung auf die mehrfache Waschung bezug nimmt (ob rituell oder profan, spielt für unsere Frage keine Rolle). Ich sehe darin eine weitere Stütze für die Annahme, daß der ursprüngliche Plural der *Oster*-Bezeichnung auf der dreifachen Taufhandlung beruht.

Die von mir erwogene Verbindung zwischen *Ostern/Easter* und germ. *ausa* wird weiter nicht nur durch die *-r*-Bildung im Nordgermanischen und durch die ursprünglich plurale Verwendung gestützt, sondern auch durch zwei oben schon genannte Belege aus der Sippe um germ. *ausa, ösen.* Es handelt sich um ndl. *wijwater hoozen* „mit Weihwasser besprengen“ und norw. *øse,* neben „leeren, pumpen“ auch in der Bedeutung „begießen (bei der Taufzeremonie)“, auch als *overøse,* bezeugt. Die Verbindung zwischen dem Verbum und dem Taufritus ist demnach keine Konstruktion, sondern bis heute nachweisbar.

VIII. Verbreitung der Bezeichnungen *Ostern* und *Passa*

Die uns besonders interessierende Bezeichnung *Ostern* bzw. engl. *Easter* ist dialektgeographisch ein Unikum. Das fiel schon früh auf: „Aufklärung verlangt zunächst die merkwürdige Tatsache, daß das Fest der Auferstehung bei Goten, Nordgermanen, Franken, Friesen und Altsachsen den christlichen Namen *Passah* trägt, nur bei den Angelsachsen und Oberdeutschen den Namen

573 AUGUSTI, Denkwürdigkeiten, Bd. 7, S. 4-26.

574 Ebda., S. 9. Zum Komplex vgl. auch J. YSEBAERT, Greek baptismal terminology. Its origins and early development, Nijmegen 1962.

Ostern, also in zwei weit voneinander entfernten Gebieten".[575] Das ist in der Tat eine Streuung, die ihresgleichen sucht.

Man schlägt zwei Erklärungsmöglichkeiten vor: entweder geht die deutsche Benennung auf die englische zurück und ist zusammen mit der angelsächsischen Mission auf den Kontinent gelangt, oder aber England und Oberdeutschland sind Reliktgebiete eines früher zusammenhängenden Gebietes.

Für die erste These sprach sich u.a. E. PHILIPPSON[576] aus: „Die Verwendung von ahd. *ōstarun* (Bezeichnung eines heidnischen Frühjahrsfestes) für *Pascha* ist wohl auf den Einfluß der angelsächsischen Mission in Oberdeutschland zurückzuführen". Dabei berief er sich auf W. BRAUNE: „Beispiele solcher verchristlichten Worte heidnischer Prägung gibt es ja genügend, von den allgemein germanischen, auch gotischen, *guþ, halja* angefangen bis zu denen, die erst in England verchristlicht wurden. Dazu rechne ich besonders auch ahd. *ôstarûn,* das vermutlich zuerst in England statt des lat. *pascha* eingeführt und von da auf uns gekommen ist".[577]

Ähnlich hat auch L. WEISGERBER[578] argumentiert. Nach den Worten von G. MÜLLER und Th. FRINGS[579] möchte WEISGERBER „den Sieg von *ostern* mit dem angelsächisch-irischen Osterstreit zusammenbringen. Er meint, daß auch im Süd- und Mitteldeutschen zunächst *pascha* gegolten habe, dann aber habe sich mit dem Sieg der Angelsachsen über die Iren im Osterstreit auch die Festbezeichnung des Siegers, also *ostern,* sprachlich allgemein durchgesetzt".

Dem steht ein überaus gewichtiges Argument gegenüber: im Hauptgebiet der angelsächischen und irischen Mission gilt nicht

---

[575] HELM, Altgerm. Religionsgeschichte, Bd. 2, S. 278; zur Verbreitung s. etwa W. KÖNIG, dtv-Atlas zur deutschen Sprache, München 1978, S. 188.

[576] PHILIPPSON, Germ. Heidentum, S. 166, Anm. 2.

[577] W. BRAUNE, Beiträge zur Geschichte der deutschen Sprache und Literatur 40 (1914)433.

[578] L. WEISGERBER, Die Spuren der irischen Mission in der Entwicklung der deutschen Sprache, Rheinische Vierteljahrsblätter 17(1952)8-41.

[579] MÜLLER-FRINGS, Germania Romana II, S. 363.

Ostern, wie es die Theorie verlangen würde, sondern *Paschen.*[580] Daher kann man nur der zweiten These, daß England und Oberdeutschland Reliktgebiete eines früher zusammenhängenden Gebietes sind, zustimmen.

Das wird bestätigt durch die Untersuchungen von G. MÜLLER, Th. FRINGS und J. NIEßEN.[581] Es ist der Einfluß des Erzbistums Köln, der zu der Spaltung der *Ostern/Easter*-Verbreitung geführt hat: „Zwischen englisch *easter* und deutsch *Ostern* schiebt sich am Niederrhein, in den Niederlanden und in Westfalen heute ein *paschen*-Gebiet, dessen Ausdehnung ... einstmals mit der Kölner Kirchenprovinz zusammenfiel".[582] Diese Auffassung wird im wesentlichen bestätigt durch K. BISCHOFFs Untersuchung zur Geschichte von *paschen* „Ostern" im östlichen Ostfälischen.[583]

Wenn wir uns jetzt noch einmal fragen, warum „das Fest der Auferstehung bei Goten, Nordgermanen, Franken, Friesen und Altsachsen den christlichen Namen *Passah* trägt, [und] nur bei den Angelsachsen und Oberdeutschen den Namen *Ostern,* also in zwei weit voneinander entfernten Gebieten",[584] dann ist die Antwort eindeutig: eine ursprünglich das gesamte Kontinentalgermanische umfassende Verbreitung der Bezeichnung *Ostern* ist durch den Einfluß des Kölner Erzbistums bei Nordgermanen, Franken, Friesen und Altsachsen verdrängt worden. Die gotische Bezeichnung bei Wulfila *paska* ist selbstverständlich aus dem Griechischen übernommen und entstammt der christlichen Terminologie.

Es gibt aber Anzeichen dafür, daß die Goten noch ein anderes und mit dt. *Ostern* in Verbindung stehendes Wort kannten, das in einen Zusammenhang mit *Taufe* und *Ostern* gehören kann und das sie nach Übernahme des Christentums (etwa im 4. Jahrhun-

---

[580] Vgl. MÜLLER-FRINGS, Germania Romana II, 361-365; Th. FRINGS, J. NIEßEN, Zur Geographie und Geschichte von *Ostern, Samstag, Mittwoch* im Westgermanischen, Indogermanische Forschungen 45(1927)276-306, speziell S. 282-301.

[581] Vgl. die vorigen Anmerkungen.

[582] MÜLLER-FRINGS, Germania Romana II, S. 361.

[583] Zeitschrift für Mundartforschung 21(1953)28-33; vgl. auch K. BISCHOFF, Sprache und Geschichte an der mittleren Elbe und der unteren Saale, Köln-Graz 1967, S. 220f.

[584] HELM, Altgerm. Religionsgeschichte, Bd. 2, S. 278.

dert[585]) benutzt haben dürften. Dieses wird uns noch unten bei der Diskussion der Bezeichnungen *Wisigoten* und *Ostrogoten* beschäftigen (s. S. 116ff.).

Die Frage, ob auch das Altsächsische eine dem Hochdeutschen entsprechende Bezeichnung besessen hat, kann von dem Wortmaterial des Niederdeutschen allein nicht entschieden werden. Wertvolle und bisher nicht berücksichtigte Hilfe bietet hier aber das Slavische, speziell das Dravänopolabische und das Sorbische. Sie enthalten „Oster"-Wörter, die altsächsische Herkunft verraten.

IX. Das Osterwort bei den Slaven

Westslavische Sprachen können - wie eben angedeutet - zur Frage, inwieweit das Wort *Ostern* dem Altsächsischen und Althochdeutschen bekannt gewesen ist oder aus dem Altenglischen im Zuge der angelsächsischen Mission übernommen wurde, ganz entscheidende Hinweise geben. Allerdings nur dann, wenn man wie R. OLESCH, F. HINZE, E. BERNEKER u.a. die Ansicht vertritt, daß das *Ostern*-Wort im Polabischen, Kaschubischen und Sorbischen aus dem Deutschen entlehnt ist. Die Meßlatte entfällt, wenn man H. SCHUSTER-ŠEWC folgt, der an ein genuin slavisches Wort glaubt. Die slavischen Sprachen bieten in ihren Osterbezeichnungen aber noch einen weiteren Hinweis, der entschieden gegen die von J. KNOBLOCH vorgeschlagene Etymologie spricht. Sie erweisen nämlich, daß das Motiv für das Osterwort nicht der frühe Morgen gewesen ist, sondern die Nacht mit ihrer beeindruckenden Messe. Darauf wird noch zurückzukommen sein.

Wenn man die Diskussion innerhalb der Slavistik verfolgt, so muß man zunächst konstatieren, daß diese im wesentlichen auf einem Irrtum aufbaut: dieser liegt darin, daß man die schon längst als Phantom erkannte altenglische Göttin *Eastre* in die Überlegungen einbezieht, ja sogar auf ihr aufbaut. Streicht man diese Vorstellung, ergeben sich für die Entlehnung in das Slavische

---

[585] Nach SCHMIDT, Bekehrung, S. 213, findet sich „der erste Hinweis auf ein Christentum, mindestens im gotischen Schwarzmeergebiet, ... in den Akten des Konzils von Nicaea 325".

ganz überraschende und wichtige Konsequenzen, die vor allem in einer von den Slavisten unberücksichtigten altsächsischen Lauterscheinung beruhen. Ein Blick in die Geschichte des westslavischen Wortes für „Ostern“ ist daher kein Exkurs, sondern führt uns wieder zurück zu den Hauptproblemen: wurde das Wort aus dem Altenglischen übernommen? Welches Ereignis hat als Motiv für die Namengebung gedient?

Bereits am Anfang unseres Jahrhunderts hat P. ROST[586] eine Etymologie aufgestellt, die einen typischen Fehler enthält. Er notiert für das Dravänopolabische: „Ostern: *Gôstray.* So haben sie auch den Tag genennet, an welchem sie zum H. Nachtmale gegangen ... kasch. *jastre* (ahd. *ōstara*)“. Der Fehler liegt darin, daß nicht das Altsächsische (wohl deswegen, weil dort *Pâscha* belegt und von einem *Ostern* entsprechenden Wort nichts bekannt ist), sondern das Althochdeutsche verglichen wird. Aber darauf wird noch zurückzukommen sein. Ganz ähnlich heißt es wenig später bei E. BERNEKER:[587] „Aus dt. *Ostern*“.[588] In diesem Sinne hat auch K. POLAŃSKI zunächst[589] den Entlehnungsvorgang beschrieben. Wenig später[590] modifizierte er seine Ansicht etwas und folgte einem Vorschlag von F. HINZE, den dieser zunächst knapp[591] und später ausführlicher[592] begründet hat. Danach sei von einer polabisch-pomoranisch-sorbischen Entlehnung (poln. [alt] *jastry,* kaschub. *jastré,* slowinz. *jãsträ,* nso. *jatšy,* oso. *jastry,* dial. auch *jutry,* polab. *jösträu*) aus angelsächsisch *ēastron* „Ostern“ auszugehen, wobei es sich wegen der Wiedergabe von *a* für *ō* und auf Grund des *j*-Vorschlag um eine alte Entlehnung handeln müsse.

586 Die Sprachreste der Draväno-Polaben im Hannöverschen. Leipzig 1907, S. 142 mit Anm. 3.

587 Slavisches etymologisches Wörterbuch, Bd. 1, Heidelberg 1924, S. 449.

588 Vgl. auch ders., Indogermanische Forschungen 10(1899), 157, Anm. 10.

589 Morfologia zapożyczeń niemieckich w języku połabskim, Wrocław usw. 1962, S. 135.

590 K. POLAŃSKI, Słownik etymologiczny języka Drzewian połabskich, H. 2, Wrocław usw. 1971, S. 17.

591 F. HINZE, Wörterbuch und Lautlehre der deutschen Lehnwörter im Pomoranischen (Kaschubischen), Berlin 1965, S. 247; Zeitschrift für Slawistik 9(1964) S. 686f.

592 Zeitschrift für Slawistik 19(1974)353-358.

Im einzelnen sei folgende Entwicklung anzusetzen: *jostråi̯* < **jastry* < **jastrūn* < **e̯ástron* < **ēastron* Pl. „Ostern".

Als Konsequenz ergibt sich daraus für F. HINZE, daß die Missionierung der Kaschuben, Sorben, Pomoranen und Slowinzen durch Deutsche und nicht Polen erfolgt ist (im Polnischen heißt Ostern *Wielka Noc* „Große Nacht").

Leicht modifiziert hat R. OLESCH diesen Vorschlag übernommen.[593] Demnach sei polabisch *gôstráy, gosträu, justrói* als **i̯ostrai̯, *i̯ostroi̯* zu interpretieren und mit einer Grundform **jastry* aus dt. *Ostern* entlehnt. Weiter wird eine Übernahme aus dem Angelsächsischen angenommen, denn „im Unterschied zur Kölner Kirchenprovinz, für das niederdeutsche *Paschen* üblich war, kennt das Mainzer Bistum den aus angelsächischer Mission stammenden Namen *Ostern*".[594] Wir hatten bereits ausgeführt, daß dt. *Ostern* nicht aus dem Angelsächsischen stammen kann.

Auf die These von F. HINZE ist H. SCHUSTER-ŠEWC eingegangen.[595] Seiner Ansicht nach liegt kein angelsächsisches Lehnwort vor. Zum einen fehle ein entsprechendes Wort im Altsächsischen (wohin es wenigstens zunächst hätte entlehnt werden müssen). Das von F. HINZE angenommene Verschwinden des Wortes sei unerklärlich. Zudem hätte die Entlehnung im 8./9. Jahrhundert stattfinden müssen, zu einer Zeit, als eine Entwicklung **-ōn-* > *-ūn-* > *y* nicht mehr vonstatten gegangen sein kann. Ebenso problematisch sei die Übernahme eines ags. *ēa* als slav. *ja*, eher wäre *ě ('ä)* zu erwarten. Schließlich würde die Erklärung von F. HINZE nichts zur sorb. dial. Form *jutry* beitragen. Sei diese ebenfalls aus dem Deutschen entlehnt?

Aus den Problemen ergibt sich für H. SCHUSTER-ŠEWC als Konsequenz, daß keine Entlehnung, sondern eine bodenständige sla-

---

593 R. OLESCH, Zeitschrift für slavische Philologie 39(1976)26ff.

594 Ebda., S. 26f..

595 Beiträge zur vergleichenden slawischen Wortforschung, 1. Westsl. *jastry, jutry* „Ostern", Lětopis. Rjad A. Institut za serbski ludospyt 23, H. 1, S. 31-37; ders., Historisch-etymologisches Wörterbuch der ober- und niedersorbischen Sprache, Bd. 1, Bautzen 1978, S. 435f. sowie ders., Czy połabskie *jostråi̯* „Wielkanoc" naprawdę jest pożyczką anglosaską? Rocznik Sławistyczny 37(1976)31-37.

vische Bildung zu einer Wurzel „hell, klar, deutlich“ vorliegt, die sich z.B. finden lasse in slovak. *jastrit'* „scharf blicken“, kasch. *jastroch* „weiß- und schwarzgefleckter Ochse“. Als Bedeutungsentwicklung von *jastry* „Ostern“ sei anzusetzen: 1. **jastr-* „hell, klar, deutlich“ > 2. „die sich durch Helligkeit auszeichnende Jahreszeit, Frühlingszeit“ > 3. „Frühlingsfest“ > 4. „christliches Osterfest“.

Dem hat R. OLESCH in seinem großen Werk zum dravänopolabischen Wortschatz widersprochen:[596] „Als frühes dt. Missionswort ist *Ostern* ins Dravänische übernommen worden ... Erklärung als slav. Wort (SCHUSTER-ŠEWC ...) ist missionsgeschichtlich wie semantisch nicht haltbar“. In der Tat ist es unwahrscheinlich, daß sich am Rande der Slavia eine genuin slavische Bezeichung erhalten haben soll, zumal die Christianisierung aus dem Westen erfolgt sein muß.

Aber H. SCHUSTER-ŠEWC entgegnete erneut darauf[597] und verband die seiner Ansicht nach genuin slavische Bezeichnung aufgrund ihrer ursprünglichen Bedeutung mit der deutschen: da die urslavische Bedeutung von *jutry/jatšy* nicht „Ostern“, sondern allgemein „Frühlingsfest, Zeit der Helligkeit“ gewesen sei, wurden die slavischen Wörter mit der Einführung des Christentums seiner Ansicht nach lediglich zum christlichen Osterfest umfunktioniert.

Diese These fällt natürlich sofort in sich zusammen, wenn man das deutsche und englische Wort *Ostern/Easter* nicht mit der Morgenröte, sondern mit nordisch *ausa,* dt. *ösen* „begießen“ verbindet. Aber auch unter dieser Annahme bleibt im Slavischen ein Problem bestehen: wie ist die Doppelheit im Sorbischen mit den Osterbezeichnungen *jatšy* und *jutry* zu erklären?

Nach J. KNOBLOCH löst sich das Problem wie folgt:[598] „Mit Recht trennt W. KROGMANN[599] hiervon [von *jastry* usw.] aus laut-

---

596 Thesaurus Linguae dravaenoploabicae, Bd. 1, Köln-Wien 1983, S. 341.

597 Historisch-etymologisches Wörterbuch der ober- und niedersorbischen Sprache, Bd. 4, Bautzen 1989, S. 1841f.

598 KNOBLOCH, Ursprung, S. 45; fast wortgleich wiederholt bei KNOBLOCH, Ostern, S. 70.

599 Osorb. *jutry* „Ostern“, Zeitschrift für slavische Philologie 14(1935)301f.

lichen Gründen osorb. *jutry* 'Ostern', das zu *jutro, -a* 'Morgen' als ein Plurale tantum gehört, wobei es sein *-y* des femininen Plurals den entlehnten Formen verdankt. Auch E. BERNEKER tritt für *jutry* als Erbwort ein,[600] da ihm jedoch die Tatsache einer Lehnübersetzung unbekannt war, blieb ihm nur übrig, in Analogie zum germanischen nun auch ein heidnisch-slawisches Frühlingsfest zu erfinden, dessen Name in den übrigen slawischen Sprachen durch die christliche Benennung verdrängt worden sei".

Dazu heißt es jetzt in der letzten Stellungnahme von H. SCHUSTER-ŠEWC:[601] eine Trennung der beiden sorbischen Wörter „ist wenig wahrscheinlich. Entweder sind beide sorbische Namen für Ostern tatsächlich eine alte Entlehnung aus dem Deutschen, oder aber es handelt sich - wir wir annehmen - in beiden Fällen nur um semantisch umfunktioniertes altes slawisches Erbgut. Bei einer Entlehnungsannahme wären unbedingt auch die divergierenden sorbischen Lautformen zu erklären. Sie lassen sich nicht gemeinsam auf ahd. *ōst(a)rūn* zurückführen. Es sei denn, man würde die von F. HINZE ... vertretene Hypothese akzeptieren, wonach polab. *jostråi̯* direkt auf ags. *ēastron* 'Ostern' zurückgehen soll. Die von ihm zur Stützung dieser Hypothese herangezogene angeblich frühe angelsächsische Missionstätigkeit bei den polabischen Stämmen ist historisch nicht nachweisbar". Im weiteren wendet sich H. SCHUSTER-ŠEWC (wie ich meine, mit Recht) gegen die Annahme R. OLESCHs, es habe eine frankoromanische Missionierung im Bereich des Polabischen gegeben, und betont: „Erklärt werden müßte unbedingt auch die weit nach Osten und Südosten reichende Ausbreitung der Form **jastry,* sowohl zu den Pomoranen-Kaschuben als auch zu den Niedersorben bis über die Lausitzer Neiße hinaus ... Die alten Pomoranen und Lausitzer waren im 9./10. Jahrhundert aber mit Sicherheit noch Heiden, so daß eine Übernahme christlichen Namengutes zu dieser Zeit als wenig glaubhaft erscheint. Außerdem wäre germ. (ahd.) langes *ō* schon nicht mehr durch slaw. *a* substituiert worden, zu erwarten wäre *u* (vgl. ns. *dupiś* ‚taufen' ≤ mnd. *dōpen*)".[602]

[600] Vgl. E. BERNEKER, Indogermanische Forschungen 10(1899)157, Anm. 10.
[601] SCHUSTER-ŠEWC, Hist.-etym. Wörterbuch, Bd. 4, S. 1841.
[602] Ebda., S. 1841f.

Soweit die wichtigsten Passagen aus der Diskussion um die westslavischen Osterbezeichnungen; aus dem Gang des zuvor zusammengetragenen Materials ergibt sich zunächst, daß alle Kontrahenten geirrt haben. Es sind folgende Punkte: 1.) verfehlt ist der Bezug auf *hoch*deutsch *Ostern,* es kann unmöglich Entlehnungsgrundlage für das Polabische und Pomoranische gewesen sein; 2.) zur Zeit der Entlehnung wurde eine Entwicklung *-ō-* > slavisch *-a-* mit Sicherheit nicht mehr vollzogen; 3.) das Wort *Ostern* kann nicht aus dem Altenglischen stammen, denn in diesem Fall müßte es anders lauten;[603] 4.) das Fehlen des Osterwortes im Altsächsischen ist eine jüngere Entwicklung und beruht (wie oben ausgeführt)[604] auf dem Einfluß des Erzbistums Köln; 5.) eine Entlehung aus altenglisch *ēastre* hätte im Polabischen usw. nicht zu *ja* führen können (in diesem Fall ist H. SCHUSTER-ŠEWC beizupflichten); 6.) die Berufung auf die angelsächsische Frühlingsgöttin ist verfehlt.

Die angesprochenen Fehler gehen im wesentlichen auf einen einzigen zurück: man hat sich nicht die Mühe gemacht, das *Altnieder*deutsche in die Betrachtung einzubeziehen. Das mag bedingt sein durch das Fehlen einer entsprechenden Bezeichnung im Altsächsischen, aber diese läßt sich mit Sicherheit rekonstruieren (gerade im Niederdeutschen ist das m.E. zugrundeliegende Verbum *ösen* bestens, sogar bis heute (!), bezeugt). Die Rekonstruktion zeigt sofort an, wo die Basis für die Entlehnung der westslavischen Wörter zu suchen ist.

Übereinstimmend nimmt man für den Anlaut von *Ostern* und *Easter* (es bleibt keine Wahl) westgermanisch **-ō-* an. Dabei ist es gleichgültig, ob man der These von J. KNOBLOCH, S. GUTENBRUNNER oder meiner folgt: zugrunde liegt vorgermanisch **-au-*, das sich über westgermanisch **-ō-* zu altniederdeutsch *-ō²-* ent-

---

603 Vgl. oben S. 72 und HELM, Erfundene Götter, S. 10 sowie V. STRÖM, Germ. u. balt. Religion, S. 108.

604 Vgl. nochmals MÜLLER-FRINGS, Germania Romana II, S. 361-365, sowie J. FRINGS, J. NIEßEN, Zur Geographie und Geschichte von *Ostern, Samstag, Mittwoch* im Westgermanischen, Indogermanische Forschungen 45(1927)276-306, speziell S. 282-301.

wickelt.[605] Keiner der Kontrahenten hat aber danach gefragt, in welcher Form *-ō²-* zur Zeit der Christianisierung der westslavischen Stämme im Niederdeutschen erscheint. Ein Blick in die Altsächsische Grammatik von J.H. GALLÉE[606] hätte es gezeigt: neben der dem Althochdeutschen identischen Lautung *-ō-* (*bōkan, bōm, dōd, hōh, ōk*) ist gerade im Altsächsichen eine weitere Variante bestens bezeugt: *bāmo, frāhon, hāp, blā, brādas, vrāno, hrāro.*[607] Sie zeigt sich sogar in der angenommenen Quelle der slavischen Wörter, in dem Wort für „Osten": die Freckenhorster Heberolle notiert für die Adjektivform *âsteron,* die Werdener Heberegister schreiben *astar, aostar* neben *ostar,*[608] generell ist auf einen Beitrag von D. FREYDANK[609] zu verweisen. Die Entwicklung zu *-a-* zeigt sich gerade auch in demjenigen Teil des Altsächsischen, der zum Teil von slavischen Siedlern erreicht worden ist: im östlichen Niedersachsen und in der Altmark. So etwa in dem ON. *Ohrum,*[610] bezeugt im 11. Jh. als *Arhen,* 1022 [Fälschung] *in Arem,* um 1200 *Arem,* daneben stehen aber auch zahlreiche Belege wie *Orhem, Orem.* Die Varianten zeigen sich auch in dem Flußname *Ohre,* r.z. Elbe bei Wolmirstädt, z.J. 780 *inter Arae et Albiae; Aram* (Annales Quedlinburgenses), z.J. 782 *Hara* (Regionis Chronicon), z.J. 803 *Ara,*[611] 1068 *ultra Ara Slauonica villa in potestate Vdonis* usw.

---

[605] Das ist eine absolut normale Entwicklung, man vergleiche A. LASCH, Mittelniederdeutsche Grammatik, Halle 1914, S. 94 mit Hinweis auf die grundlegende Darstellung von W. SEELMANN, Niederdeutsches Jahrbuch 18(1892)141-159.

[606] Jetzt in der 3. Auflage, hrsg. v. H. TIEFENBACH, Tübingen 1993, erschienen.

[607] GALLÉE, Altsächs. Grammatik, 75f.

[608] Ebda., S. 17.

[609] Zur Entwicklung von germ. *au* im Altniederdeutschen, Wissenschaftliche Zeitschrift der Univ. Halle-Wittenberg, Gesellschafts- und Sprachwissenschaftliche Reihe 8(1959)717f.

[610] Ausführlich behandelt von K. CASEMIR u. J. UDOLPH, Der Ortsname *Ohrum,* in: Chronik Ohrum: 747-1997, Ohrum 1997, S. 36-40.

[611] Gesta episcoporum Halberstadensium (in: Monumenta Germaniae Historica, Scriptores, Bd. 23), S. 79.

Somit kann eine altniederdeutsche Variante **Āst(e)r-n* „Ostern“ problemlos als Grundlage der westslavischen Bezeichungen poln. (alt) *jast-ry,* kaschub. *jastré,* slowinz. *jãsträ,* nso. *jatšy,* oso. *jastry,* polab. *jösträu* angesehen werden.[612] Der *j*-Vorschlag ist kein Hindernis, sondern zu dieser Zeit eine absolut normale Entwicklung: zu nso. *jachaś* betont H. SCHUSTER-ŠEWC[613]: „Die *j*-Prothese spricht für hohes Alter der sorb. Bildung“, ein gleicher *-j-*Vorschlag findet sich in obersorb. *jałmožina* „Almosen“, poln. *jałmużna,* ferner in obersorb. *jandźel* „Engel“,[614] *japoštol* „Apostel“,[615] weitere Belege bietet P. ARUMAA[616] mit slav. *jablko, jagnię, javiti, jagoda.*

Dieser Weg bietet mehrere Vorteile. Die beiden wichtigsten sind: zum einen kann nachgewiesen werden, daß dem Altniederdeutschen das Wort *Ostern* in einheimischer Form als **āst(a)run, *āst(e)rōn* bekannt gewesen ist, zum andern, daß das westslavische „Ostern“-Wort den normalen Weg eines christlichen Missionswortes aus dem Westen genommen haben dürfte.

Es bleibt noch die Frage nach der sorbischen Variante *jutry* „Ostern“ (Plur.). Die nach wie vor beste Lösung ist eine Angleichung an slav. *jutro* „Morgen“, vgl. etwa nso. *jutrny* (alt) „zum Morgen gehörig, Morgen-„, *jutšna* (alt) „der Morgenstern“. Dabei ist aber nicht ausgeschlossen, daß dem sorbischen Osterwort *jutry* die hochdeutsche Variante *ōst(a)-run, ōst(e)run* zugrunde liegt. Altes *-ō-* wurde in das Slavische regelgerecht als *-u-* übernommen. Wenn diese Annahme stimmt, ist das Wort *Ostern* in das Polabische aus dem Altniederdeutschen und in das Sorbische aus dem Althochdeutschen übernommen worden, sicher keine Annahme, die bisherigen Lehnwortforschungen widerspricht.

---

[612] R. OLESCH, Wspólne słownictwo kaszubsko-drzewiańskie, in: ders., Gesammelte Aufsätze, I: Dravaenopolabica, hrsg. v. A. LAUHUS, Köln-Wien 1989, S. 469-474, notiert auf S. 473 ein altsächs. Wort *iastern* „Ostern“ und beruft sich auf W. FOERSTE, Geschichte der niederdeutschen Mundarten, 2. Aufl., Berlin 1978, S. 26 ff. Trotz intensiver Suche habe ich diesen Beitrag nicht finden können; es muß sich um einen Irrtum handeln.

[613] SCHUSTER-ŠEWC, Hist.-etym. Wörterbuch, Bd. 1, S. 421.

[614] Ebda., S. 426f.

[615] Ebda., S. 427.

[616] P. ARUMAA, Urslavische Grammatik, Bd. 1, Heidelberg 1964, S. 105.

Das Slavische kann aber nicht nur Hilfen für den altsächsischen Wortschatz geben, sondern bietet noch in einem für das Osterfest wichtigen Punkt entscheidende Hinweise: J. KNOBLOCH hat dem Ostermorgen die bedeutendste Rolle im Osterzyklus zuschreiben wollen. Passen dazu die Osterbezeichnungen des Slavischen? Polnisch *Wielkanoc*, altčechisch *velika noc*, slovakisch *Veľka noc* sind leicht zu durchschauende Verbindungen aus *velky, wielki* „groß“ + *noc* „Nacht“, ein Terminus, dessen Grundlage nach H. SCHUSTER-ŠEWC und anderen „die große Nachtmesse, so wie sie noch heute von der röm.-orthodoxen Kirche gefeiert wird“, bildete. Auch hier zeigt sich, daß in der frühen Christenheit das Ostergeschehen seinen Höhepunkt in der Nacht besessen haben muß, keineswegs am Ostermorgen.

In diesem Zusammenhang nur eine Bemerkung am Rande: der Versuch von J. GIPPERT,[617] J. KNOBLOCHs These mit Hilfe von Termini der kaukasischen Sprachen zu stützen und weiter zu fragen, „ob der Name ‘Ostern’ nicht doch ebenso wie der des ‘Pfingstfests’ von Südosten aufgekommen sein könnte“,[618] kann angesichts der hier zusammengetragenen Argumente nicht überzeugen.

10. Ergebnisse und Konsequenzen

Die Verbindung des Wortes *Ostern,* engl. *Easter* mit anord. *ausa* „(Wasser) schöpfen, gießen“ führt m.E. zu etlichen Ergebnissen, von denen ich für die wichtigsten halte:

1.) Die Annahme, dem Wort läge der Name einer Göttin *Eostra* oder *Ostara* zugrunde, wird erneut nicht bestätigt. Allerdings scheitert diese These schon daran, daß kein alter germanischer Monatsname mit Hilfe eines Götter- oder Göttinennamens etymologisiert werden kann. Dieser Vorschlag erlangte wahrschein-

---

[617] Zur christlichen Terminologie in den südkaukasischen Sprachen, Die slawischen Sprachen 17(1989)13-35.

[618] Ebda., S. 35.

lich deshalb einen hohen Bekanntheitsgrad, weil JACOB GRIMM ihn favorisiert hatte.

2.) Die These von J. KNOBLOCH scheitert m.E. aufgrund verschiedener Überlegungen:

a.) Die Annahme einer Fehlübersetzung überzeugt angesichts des wichtigsten Festes der Christenheit nicht.

b.) Die altfranzösischen Belege[619] bestätigen den wichtigsten Punkt von J. KNOBLOCHs These (die Uminterpretation von *alba*) nicht.

c.) Die Verlegung des angeblichen österlichen Hauptereignisses auf den Morgen des Ostersonntages stimmt mit dem festlichen Gottesdienst in der Nacht des Ostersonnabends, dem Höhepunkt des österlichen Geschehens, und mit der dann vollzogenen Taufe an z.T. Dutzenden oder Hunderten von Täuflingen nicht überein.

3.) Die schwer zu erklärende Pluralform des *Oster*-Wortes wird am schlüssigsten durch die Annahme geklärt, daß die dreifache Taufzeremonie das auslösende Moment gewesen ist, zumal auch in der griechischen Parallelbenennung Entsprechungen der pluralischen Verwendung zu finden sind.

4.) Nicht zu übersehen ist die große Ähnlichkeit zwischen der Wasserweihe des germanischen Heidentums und der christlichen Taufzeremonie. Es war kein Problem für die germanischen Täuflinge, den alten Terminus *vatni ausa* auf die neue Taufform zu übertragen, zumal das Verbum *ausa* in den germanischen Sprachen bestens bezeugt ist und die Ableitung *austr* „Begießen" einen in die ältesten Zeiten weisenden Lautwandel (*-sr-* > *-str-*) enthält. Die Entlehung in das Ostseefinnische zeigt ebenfalls hohes Alter der germanischen Sippe.

5.) Zur Zeit der Christianisierung der germanischen Stämme wurde beim Taufritual die Übergießmethode angewendet.

Entscheidend für diese Überlegungen ist die Verbindung von Ostern mit der christlichen Taufe. Ich meine, daß das vorgelegte Material ausreicht, um die engen Beziehungen zwischen beiden Institutionen zu demonstrieren (erinnert sei nochmals an die Einrichtung des Katechumenats). Nur auf *ein* Ereignis aus der Früh-

[619] Vgl. nochmals TUSCHEN, Taufe.

zeit des germanischen Christentums sei hier erneut verwiesen: die Unmöglichkeit, zu Ostern taufen zu können, führte im Zusammenhang mit wirtschaftlichen und rechtlichen Problemen sogar zu kriegerischen Auseinandersetzungen. Das zeigt eine bei Prokop und Eutrop notierte Episode aus der Zeit der Niederwerfung des Wandalenreiches. Dazu wurden ostgotische Söldner angeworben. Diese forderten 536 „im Verein mit den überlebenden wandalischen Priestern ... für sich Kirchen, und die Erregung erreichte ihren Höhepunkt, als sie zur Osterzeit keine Möglichkeit sahen, ihre Kinder arianisch taufen zu lassen".[620] Nicht übergehen sollte man auch die nicht selten bezeugten Massentaufen, die zur Zeit der angelsächischen Mission an Flüssen erfolgten.

Das spätere, durch Einfluß des Erzbistums Köln zu erklärende Eindringen des *Passah*-Wortes nach Norddeutschland hat die ursprüngliche wortgeographische Streuung überlagert und verändert. Durch die westslavischen, etymologisch bisher unklaren *jastry*-Formen kann diese wenigstens teilweise wieder aufgedeckt werden und ein bisher vermißtes altsächsisches **Ōst(e)run, Ōst(a)run* läßt sich durch die Annahme einer Nebenform **Āst(e)run, *Āst(a)run* gewinnen.

Mit diesen Gedanken könnte dieser Beitrag sein Ende finden. Aber es ergeben sich aus der neuen Verbindung von germ. **ausa* und engl. *Easter,* dt. *Ostern,* und der Annahme, es liege eine alte Taufbezeichung vor, Konsequenzen für einige bisher strittige Namen, vor allem für einen Völkernamen, den der *Ostrogoten.*

XI. Der Name der Ostgoten

Die Etymologie des Doppelnamens der Goten[621] hat in ihrer langen Geschichte nur geringe Wandlungen durchgemacht. Dachte man anfangs an einfache Bezeichnungen nach den ent-

---

[620] GIESECKE, Ostgermanen, S. 133.

[621] Dieses Problem wird nur anhand ausgewählter Literatur behandelt; es geht im folgenden vor allem um die sprachliche Beurteilung der Doppelnamen der beiden Gotenvölker.

sprechenden Himmelsrichtungen (*West-/Ost-goten*), so hat sich schon bald nach Einsetzen der sprachhistorisch-vergleichenden Methode die These verfestigt, daß diese Annahme nicht zutreffen könne. Die historische Überlieferung der Namen spreche eindeutig dagegen. In letzter Zeit ist man aber z.T. doch wieder zu der *West-/Ost*-Theorie zurückgekehrt.

Wesentliche Punkte hatte bereits W. STREITBERG schon vor mehr als hundert Jahren zusammengetragen.[622] Demnach sei der Name der *Westgoten,* alt *Vesegothae, Wisigothae* u.ä., früher aber auch als *Vesus, Visos, Visi, Vesi* bezeugt, im Bestimmungswort mit germ. *wesu-, wisu-,* kelt. *vesu-,* griech. *ἐΰς,* aind. *vásu-,* illyr. *vese-* „gut" zu verbinden. Nach Streitberg „ohne Frage die richtige Etymologie".

Den Namen der *Ostgoten* stellte W. STREITBERG aufgrund der alten Formen *Ostrogothi, Austrogoti* zu der schon mehrfach erwähnten idg. Wurzel um skr. *usrá-* und führte aus:[623] „Aus den nächsten Verwandten *usrá-, auszrà* folgt mit Notwendigkeit, dass *austro-* ebensogut auf älteres *aus-ro-* zurückgeht, wie germ. *austro-* 'Ostern' auf *ausrō-* führt". Seine Schlußfolgerung:[624] „Die *Austro-goti* wären demnach als die 'glänzenden' aufzufassen,[625] wie die *Wisigothae* als die 'wackern'".

Diese Auffassung findet sich - gelegentlich leicht abgewandelt - bis heute, so etwa bei M. SCHÖNFELD[626], A. BACH[627] und anderen. Standardwerke haben diese Deutung übernommen: „Urgerm. würde deren Name **Austrō* lauten ... Derselbe Stamm zeigt sich im Volksnamen *Ostrogothae,* älter *Austrogoti* 'die glänzenden Goten', einem Namen, der später zu *Ostgoten* mißdeutet wurde, mit der Folge, daß man nun auch die *Wisigothae,* deren Name zu

---

[622] W. STREITBERG, Ost- und Westgoten, Indogermanische Forschungen 4(1894)300-309.

[623] Ebda., S. 306.

[624] Ebda., S. 307.

[625] Später von W. STREITBERG revidiert: Gotisches Elementarbuch, 5./6. Aufl., Heidelberg 1920, S. 7.

[626] Wörterbuch der altgermanischen Personen- und Völkernamen, Heidelberg 1911, S. 39,268.

[627] A. BACH, Deutsche Namenkunde. Die deutschen Personennamen, 3. Aufl., Teil 1, Heidelberg 1978, S. 199,308.

germ. *wesu ... 'gut' gehört, als *Westgoten* auffaßte".[628] Auch die umfassende Darstellung der Geschichte der Goten von H. WOLFRAM teilt diese Ansicht:[629] „Die *Vesier* sind die 'Guten, Edlen' und die *Ostrogothen* die 'Sonnenaufgangs-Goten', eben die Ostgoten, oder die 'durch den Aufgang der Sonne glänzenden Goten'".

Vor einigen Jahrzehnten hatte die andere Auffassung noch das Übergewicht und N. WAGNER[630] konnte hinsichtlich des Namens der *Ostrogothi* unter Bezug auf W. STREITBERG, E. SCHWARZ, W. BRAUNE-E.A. EBBINGHAUS und W. KRAUSE äußern: „Heutzutage ist man einmütig der Ansicht, *Ostrogothi, -ae* bedeute 'Ost-Goten'". Inzwischen stimmt dieses in dieser Form nicht mehr. Einige Stimmen habe ich oben schon zitiert. Hinzugefügt sei ein Passus aus der 19. Auflage der Gotischen Grammatik von W. BRAUNE, bearbeitet von E.A. EBBINGHAUS[631]: „Die ... auch in neuerer Zeit nicht selten vertretene Auffassung der Namen ... als 'Ost'-goten und *Visi- (Vesi-)got(h)ae (-i) ...* als 'West'-goten beruht wohl auf früher Volksetymologie".

Nach meiner Einschätzung krankt eine überzeugende Deutung des *Ostro-goten*-Namens daran, daß die Auffassung der Bezeichnung der *Vesier* bzw. *West-goten* als die „echten, guten Goten" eindeutig einen Gegensatz, ein Antonym verlangt. Die „glänzenden Goten" sind das nicht.

Dabei sollte eine Etymologie auf die Quellenlage und die innere Beziehung zwischen beiden Bezeichnungen Rücksicht nehmen. H. WOLFRAM[632] hat dieses betont: Die Quellen „mischen" nie, „das heißt, sie stellen entweder die *Terwingen* den *Greutungen* oder die *Vesier* den *Ostrogothen* gegenüber. Dieses System stört auch nicht die gleichzeitige Nennung der Doppelnamen des einen oder beider Völker", und - meines Erachtens besonders wichtig -: „Daher müssen sowohl die Namen *Greutungen - Terwingen* wie

---

[628] TRÜBNERs deutsches Wörterbuch, Bd. 5, S. 38.
[629] H. WOLFRAM, Geschichte der Goten, München 1979, S. 15.
[630] Getica, Berlin 1967, S. 162ff.
[631] Tübingen 1981, S. 1.
[632] WOLFRAM, Geschichte der Goten, S. 14.

Ostrogothen - Vesier gleichzeitig entstanden sein; beide Paare setzen einander voraus, was immer sie auch bedeuten mögen".

Ich halte es deshalb für nicht unwahrscheinlich, in dem Namen der *Ostrogoten* die in diesem Beitrag immer wieder behandelte Sippe um nordgerm. *ausa* „schöpfen", speziell *austr* „das Schöpfen, Begießen", hier verstanden als „die durch Begießen vollzogene Taufe", zu sehen. Den „echten, guten" Goten (und Anhängern der alten, heidnischen Religion) ständen damit die „getauften, christlichen" Goten gegenüber. Wir gewönnen einen echten Gegensatz, der sich durch einige historische Erkenntnisse festigen läßt.

1. Spätes Auftreten der Termini *Visigothae - Ostrogotae, -i*

Gelegentlich ist aufgefallen, daß die beiden Bezeichnungen *Visigothae* und *Ostrogotae, -i* später als die Stammesnamen *Greutungi* und *Tervingi* in den Quellen erscheinen. Man könnte dieses als Zufall abtun, aber wahrscheinlich macht man es sich damit etwas zu leicht. H. WOLFRAM hat als Lösung vorgeschlagen[633]: „Warum ... die prunkenden Selbstbezeichnungen den Römern später bekannt wurden als die landschaftsbezogenen Gotennamen, könnte vielleicht damit erklärt werden, daß die ersteren ebenso tabuisiert waren wie die Stammesreligion".

Sieht man in den *Ostrogothi* die „getauften Goten", löst sich dieses Rätsel von selbst: gotische Stämme waren den Griechen und Römern schon vor einer Differenzierung, die sich erst als Resultat der Christianisierung ergeben konnte, bekannt.

2. Tauftermin bei den Goten

Bei ihren Zügen auf dem Balkan und ihren Vorstößen bis nach Sparta kamen gotische Stämme in Berührung mit dem Christen-

[633] H. WOLFRAM, Gotische Studien III (Mitteilungen des Institutes für österreichische Geschichtsforschung 84,1976), S. 240.

tum[634]. Allerdings ist noch vieles unklar. Das betrift auch „die spätere ostgotische Kirche, deren Anfänge für uns völlig im dunkeln liegen“ .[635] Vielleicht ist es von nicht geringer Bedeutung, daß wir ein Zeugnis über den Tauftermin in Thessalien besitzen, der sehr wahrscheinlich nicht nur in diesem Gebiet, sondern auch in angrenzenden Territorien Gültigkeit gehabt hat. Unter Bezug auf Socrates und Ostern als Tauftermin heißt es bei F.X. KRAUS:[636] „Vielfach war dieser Tag der einzige für den regelmäßigen Taufvollzug, wie in Thessalien ... Gallien ...“.

Ostgotische Stämme haben diesen Termin offensichtlich als alleinigen übernommen. Eine schon zitierte Passage aus einer bei Prokop und Eutrop geschilderten Episode aus der Zeit der Niederwerfung der Wandalen unterstreicht das nachhaltig: zur Unterwerfung dieses Stammes angeworbene ostgotische Söldner forderten 536 „im Verein mit den überlebenden wandalischen Priestern ... für sich Kirchen, und die Erregung erreichte ihren Höhepunkt, als sie zur Osterzeit keine Möglichkeit sahen, ihre Kinder arianisch taufen zu lassen“.[637]

Diese Bemerkung macht deutlich, daß unter den Ostgoten nur *ein* Termin für die Taufe in Frage kam: Ostern. Dieses ist insofern bedeutsam, als von Teilen der Goten das Christentum an andere Stämme weitergegeben wurde: „Von den Ostgoten an der Donau kam der Arianismus zu den Gepiden, Rugiern und Herulern, von den Vandalen zu den Alanen, die keine Germanen waren.“[638] Besondere Bedeutung ist den sogenannten Kleingoten zuzuschreiben: „Alle auf den Boden des Römerreiches vordringenden und dort eigene Reiche gründenden Germanen sind durch den Einfluß der Kleingoten Christen geworden ...“.[639]

---

[634] Aus der reichhaltigen Literatur nenne ich hier nur SCHMIDT, Bekehrung, S. 316ff.

[635] K. SCHÄFERDIEK, Gotien. Eine Kirche im Vorfeld des byzantinischen Reichs, Jahrbuch für Antike und Christentum 33(1990)36-52, hier: S. 51.

[636] KRAUS, Real-Encyklopädie, Bd. 2, S. 824.

[637] GIESECKE, Ostgermanen, S. 133.

[638] ALGERMISSEN, Kirchengeschichte, S. 145.

[639] SCHMIDT, Bekehrung, S. 429.

3. Taufritus zur Zeit der Gotenmission

Es fällt nicht schwer, sich vorzustellen, wie auf dem Balkan heidnische germanische Stämme den christlichen Glauben empfangen haben: kunstvoll erstellte Baptisterien wie in Mailand oder Rom gab es nicht,[640] die Taufe fand sicher unter freiem Himmel statt und die Übergießmethode an Flüssen und Seen wird die vorherrschende gewesen sein. Ich zitiere nochmals B. KLEINHEYER: „Es ist leicht einsichtig, daß die vielen kleineren Taufstätten im Hinterland, wohin das Christentum später vordringt, in ihrer Gesamtheit über den Verlauf altchristlicher Tauffeiern mehr aussagen als einzelne repräsentative Bauten in Metropolen, die womöglich aus der Zeit stammen, in der die Erwachsenentaufe in Baptisterien nicht mehr sonderlich akut war".[641] An ein Untertauchen in Baptisterien ist in dieser Zeit nicht zu denken.

4. Zum Begriff „Taufgoten"

Man mag Zweifel daran haben, daß in der Stammesbezeichnung *Ostrogothi, -ae* ein Hinweis auf das Taufen oder das Besprengen zu sehen ist. Aber es gibt Parallelen. So ist von der morgenländischen Kirche nach Hinweis von J.C.W. AUGUSTI[642] die Bezeichnung „besprengte Christen" spottweise für abendländische Christen verwendet worden. Auch aus Island kennen wir aus den Anfängen der Christianisierung entsprechende Berichte. K. MAURER[643] zitiert eine altnordische Quelle: „Alle diese Leute wurden getaufte genannt" (im Original steht: *voru kallaðir skírðir*). Weiter sei verwiesen auf eine Bemerkung von J.G.

[640] Man vergleiche dazu und zu den Bestimmungen über den Ort der Taufspendung in der Mailänder Kirchenprovinz FÄRBER, Ort der Taufspendung.

[641] Ebda., S. 59.

[642] AUGUSTI, Denkwürdigkeiten, Bd. 7, S. 227.

[643] MAURER, Bekehrung, S. 104.

WALCH:[644] „Olearius meldet in der Persianischen Reise-Beschreibung p. 172, daß die Moscowiter diejenigen, bey denen die Eintauchung nicht im Gebrauch ist, besprengte Christen nennte ...“.

Nur am Rande sei erwähnt, daß die hier vorgeschlagene Neuinterpretation unter Umständen auch neues Licht auf Personennamen wie *Ostrogotha* und *Ostrogotho* wirft, bei denen man unabhängig von den hier erörterten Problemen auch einen Zusammenhang mit der Taufe gesucht hat.[645]

5. Christenverfolgung unter den Goten

Eine durchaus bekannte und für unsere Frage wichtige Periode in der Geschichte der Goten ist die blutige Auseinandersetzung innerhalb der gotischen Stämme um Annahme oder Ablehung des Christentums. Man darf nicht übersehen, daß der Übertritt zum Christentum für weite Kreise der Goten (und natürlich auch der anderer germanischer Stämme) ein Verrat am eigenen Stamm und Volk gewesen ist, akzeptierte man damit doch eine Autorität in Rom. Die Auseinandersetzungen waren - so möchte man fast sagen - fast vorprogrammiert.

Die Fakten sind - soweit sie sich aus den Quellen ablesen lassen - bekannt[646]. Einige Zitate mögen das etwas näher belegen. Sie machen zugleich auch deutlich, daß die Ablehnung auch mit Argumenten begründet war, die auf das heidnische Frühlingsfest (im Gegensatz zum christlichen Ostern stehend!) Bezug nahmen: „Der Urheber der stärksten Verfolgung, die das gesamte gotische

---

644 J.G. WALCH, Historische und theologische Einleitung in die Religionsstreitigkeiten, welche sonderlich außer der Evangelisch-Lutherischen Kirche entstanden. Fünfter und letzter Teil, Jena um 1736, S. 476.

645 Vgl. N. Menzel, Beiträge zur Namenforschung 11(1960)89f.

646 Man vergleiche etwa K. SCHÄFERDIEK, Märtyrerüberlieferungen aus der gotischen Kirche des 4. Jahrhunderts, in: Logos. Festschrift f. L. Abramowski, hrsg. v. H.C. BRENNECKE u.a., Berlin 1993, S. 328-360; ders., Das gotische Christentum im vierten Jahrhundert, in: *triuwe.* Studien zur Sprachgeschichte und Literaturwissenschaft, Gedächtnisbuch f. E. Stutz, Heidelberg 1992, S. 19-50.

Christentum, gleich welcher Konfession, betroffen hat, war mit Sicherheit der Gaufürst Athanarich.[647] Ob er bei einer früheren Verfolgung, die u.a. Wulfila zwang, in römisches Gebiet auszuweichen, auch schon seine Hand im Spiel gehabt hat, wissen wir nicht. Daß die schweren Bedrückungen, die das gotische Christentum nach 369 zu erleiden hatte, in ihm den Haupturheber haben, ist dagegen nicht zweifelhaft. Sokrates berichtet, daß Athanarich gegen die Christen als gegen Verräter des väterlichen Glaubens vorgegangen sei. Das ist gut verständlich. Sozomenos erweitert diese Mitteilung, indem er ausdrücklich Verweigerung der Teilnahme an den dem Nerthuskult ähnlichen Feiern als Verfolgungsgrund nennt. Wie stehen damit also vor einer ausgesprochen religiös begründeten Christenverfolgung seitens Athanarichs".[648]

Zur Gegnerschaft zwischen Athanarich und Fritigern, der zum Christentum übergetreten war, meint K. SCHÄFERDIEK[649], daß sie dadurch verschärft wurde, weil sich Fritigern „die Religion des Kaisers zu eigen machte ... Für seinen [Athanarichs, J.U.] Teilverband mußte das heißen, daß jetzt der christl. Gottesdienst in die religiös-politische Funktion einrückte, die bislang der angestammte Kult ausgefüllt hatte. Damit war der erste, tatsächlich einen anhaltenden Christianisierungsprozeß einleitende Durchbruch des Christentums, u. zwar den Umständen entsprechend eines Christentums homöischer Bekenntnisform, in einer schon langen Geschichte gotisch-christlicher Begegnung u. in der Geschichte der G.[ermanenmission] überhaupt erreicht".

Die blutigen Streitigkeiten[650] haben somit letztlich ihren Grund in dem oben angesprochenen Dilemma: wer Christ wird, wird auch Anhänger Roms. Eine Differenzierung zwischen weltlicher Macht und christlicher Gnade wird dem einfachen germanischen

---

[647] Zustimmend u.a. SCHÄFERDIEK, Germanenmission, S. 504; vgl. auch WOLFRAM, Geschichte der Goten, S. 74ff.

[648] SCHMIDT, Bekehrung, S. 219.

[649] SCHÄFERDIEK, Germanenmission, S. 504f.

[650] Vgl. etwa K.K. KLEIN, *Frithigern, Athanarich* und die Spaltung des Westgotenvolks am Vorabend des Hunneneinbruchs (375 n. Chr.), Südostforschungen 19(1960)34-51.

Menschen kaum möglich gewesen sein: der Haß Athanarichs „richtet sich also gegen das Christentum als gegen eine Religion des Römischen Reiches“.[651]

Fällt es schwer, sich vorzustellen, daß diese von Haß erfüllte Abneigung gegen das Christliche (und Römische) den Grund dafür abgab, sich selbst als die „guten, gerechten, wahren Goten“ (*Vesi, Visi, Vesigothae, Visigoti*) zu betrachten und die missionierten als die „besprengten, mit Wasser übergossenen, getauften Goten“ zu betiteln? Der Riß, den die Mission unter den Goten erzeugte, war groß genug, um den Anlaß für eine differenzierte Benennung zu geben.

Ich denke, daß mit der Interpretation der *Vesi(gotae)* als den „wahren, echten, ursprünglichen Goten“ und der der *Ostrogothi* als den „besprengten, getauften Goten“ eine Lösung vorgelegt werden kann, die überzeugend den schon immer für notwendig angesehen Gegensatz der gotischen Doppelbezeichnung bestätigt.

Nur am Rand sei erwähnt, daß die gängige germanische Taufbezeichnung in got. *daupjan,* ahd. *toufen,* asä. *dōpian,* dt. *taufen* wahrscheinlich nicht auf der Beschreibung des Vorgangs selbst aufbaut, sondern eher dem Zusammenhang von griech. *βαπτίζειν* „taufen“ und *βάπτειν* „untertauchen“ nachgebildet ist.[652] Daß die christliche Terminologie des Gotischen dem Griechischen in entscheidender Weise folgt, ist allgemein bekannt.

XII. Ortsnamen

Den Anstoß für die Überlegung, was sich hinter dem deutschen Wort *Ostern* verbergen könne, gab - wie eingangs bemerkt - der Ortsname *Östrum* im Kreis Hildesheim. Namen dieses Typs werden im allgemeinen ohne weitere Diskussion mit den entsprechenden Himmelsrichtungen verbunden, also etwa als *Oster-hēm*

---

651 SCHMIDT, Bekehrung, S. 223f.

652 F. KLUGE, Etymologisches Wörterbuch der deutschen Sprache, 23. Aufl., bearb. v. E. SEEBOLD, Berlin-New York 1995, S. 817.

„nach Osten liegender Ort“ interpretiert.[653] Gerade im Fall von *Östrum* überzeugt dieses kaum: westlich von Östrum liegt kein größerer Ort (Breinum dürfte kaum eine Rolle spielen), allein die Alme und einer ihrer Zuflüsse, die Riehe, könnten als Bezugspunkt in Frage kommen. Der für die Region bedeutende, durch seinen Namen als alt erwiesene und entscheidende Ort Bodenburg liegt südöstlich von Östrum und kommt daher als Ausgangspunkt der Benennung nicht in Betracht.

Berücksichtigt man weiter, daß die in Deutschland weit verbreitete Verehrung der Quellen[654] auch lange nach der Christianisierung bestehen blieb, daß die Kirche „die Quellen zu Taufbrunnen [machte], die von christlichen Heiligen hervorgerufen sein sollten und daher mit besonders heiliger Wirkung gesegnet waren“[655] und „ehemalige Tauforte an Quellen, Brunnen oder Flüssen aus der Zeit der Missionierung ... noch viele Jahrhunderte in höchsten Ehren [blieben], auch wenn sie noch so bescheiden waren“ ,[656] so ist es m.E. nicht ausgeschlossen, daß sich *Oster-* in Ortsnamen nicht auf die Himmelsrichtung bezieht.

Ich erwähne dieses hier nur am Rand, möchte aber doch abschließend die Frage stellen, ob sich nicht hinter manchen der *Oster*-Orte alte Taufstätten verbergen könnten[657]. Dieses wird sich nicht generell, sondern nur Fall für Fall beantworten lassen, wobei eine Lösung nicht allein von der Namenforschung, sondern

---

653 Zuletzt ausführlich C. JOCHUM-GODGLÜCK, Die orientierten Siedlungsnamen auf *-heim, -hausen, -hofen und -dorf* im frühdeutschen Sprachraum und ihr Verhältnis zur fränkischen Fiskalorganisation, Frankfurt/Main 1995. Zur Überbetonung des fränkischen Einflusses (nicht nur dieser Arbeit) vgl. J. UDOLPH, Fränkische Ortsnamen in Niedersachsen? In: Festgabe für D. Neitzert zum 65. Geburtstag (= Göttinger Forschungen zur Landesgeschichte, Bd. 1), Bielefeld 1998, S. 1-70.

654 Vgl. oben S. 19f. sowie WEINHOLD, Verehrung der Quellen und JACOB-FRIESEN, Opferfund.

655 HAHNE, Reste heidnischer Quellenverehrung, S. 2.

656 FÄRBER, Ort der Taufspendung, S. 41 mit Hinweis auf BUCHNER, Missionstaufe.

657 Es fällt wahrscheinlich auch neues Licht auf die Namen der fränkischen Teilreiche *Austrasien/Austrien* und *Neustrien* (wozu ich an anderem Ort ausführlicher handeln möchte).

eher von der Heimatkunde und der Ortsgeschichte kommen wird. Wie vorsichtig man an diese Probleme angehen muß, zeigt gerade bei Ortsnamen die immer wieder schnell angeführte Göttin *Ostara,* zu deren Ehren man angeblich Orte benannt habe: man hat zu einem Phantom gegriffen. So möge man sich hüten, zukünftig allzu leichtfertig in *Oster*-Orten Tauforte zu vermuten. Wenn es aber gelänge, in dem einen oder anderem Namen Hinweise auf entsprechende frühchristliche Praktiken nachzuweisen, könnte der hier vorgelegte Versuch einer Deutung des Wortes *Ostern* weiteren Rückhalt gewinnen.

Zeitfracht Medien GmbH
Ferdinand-Jühlke-Straße 7
99095 Erfurt, Deutschland
produktsicherheit@kolibri360.de

Druck:
CPI Druckdienstleistungen GmbH
im Auftrag der
Zeitfracht Medien GmbH
Ein Unternehmen der Zeitfracht - Gruppe
Ferdinand-Jühlke-Str. 7
99095 Erfurt